Olaolu Fajembola

Afrokids

AF648603

UNRAST

Olaolu Fajembola ist eine deutsch-nigerianische Kulturwissenschaftlerin und Mutter einer kleinen Tochter.

Olaolu Fajembola

Afrokids

Ein Ratgeber für die ersten Jahre afrodeutscher Kinder

UNRAST

Bibliografische Information der Deutschen Bibliothek:
Die Deutsche Bibliothek verzeichnet diese Publikation in der Deutschen Nationalbibliografie; detaillierte bibliographische Daten sind im Internet über
http://dnb.ddb.de abrufbar.

Olaolu Fajembola: Afrokids
2. Auflage, Juli 2020
ISBN 978-3-89771-218-8

© UNRAST-Verlag, Münster 2016
Postfach 8020, 48043 Münster – Tel. (0251) 66 62 93
info@unrast-verlag.de – www.unrast-verlag.de
Mitglied in der assoziation Linker Verlage (aLiVe)

Umschlag: Unrast Verlag, Münster
Umschlagfoto: © Jérome Aufort/fotolia.com
Satz: Unrast Verlag, Münster
Druck: Multiprint, Kostinbrod

Inhalt

Für meine Kleinen, hier und da. Fürs Großartig sein.
Für die weltbesten Eltern, für das Ein und für das Alles.
Für Naima, für das Gefühl für sie, das keine Worte hat.

sein oder nichtsein

in deutschland großgeworden habe ich gelernt, daß
afrikaner
stärker transpirieren, das arbeiten
nicht so gewohnt sind
auf einer anderen entwicklungsstufe stehen.
manche sagen auch:
die stinken, sind faul, primitiv

in deutschland großgeworden habe ich gelernt, daß
rückständigkeit schon von außen
und von weitem
erkennbar ist:
an der hautfarbe, dem kopftuch, der beschneidung,
dem islam, dem analphabetismus, dem nomadentum,
dem körperbau, der gangart, den sprachlauten
und daß
man/frau
was tun muß! retten muß! bewundern muß!

in deutschland großgeworden habe ich gelernt, daß
mein name
»neger(in)« heißt
und die menschen
zwar gleich, aber verschieden sind
und ich in gewissen punkten etwas überempfindlich bin.
in deutschland großgeworden habe ich gelernt,
zu bedauern
schwarz zu sein, »mischling« zu sein, deutsch zu sein,
nicht deutsch zu sein, afrikanisch zu sein,
nicht afrikanisch zu sein, deutsche eltern zu haben,
afrikanische eltern zu haben
exotin zu sein, frau zu sein.

in deutschland großgeworden, bin ich unterwegs
weg vom: hautfarbesein, nationalitätsein,
religionsein, parteisein,
großsein, kleinsein, intelligentsein, dummsein,
sein oder nichtsein
auf den weg zu mir
auf den weg zu dir.

aus: may ayim, *nachtgesang*, S. 17.

Ein Wort zum Anfang…

Die Ankunft eines neuen Menschen ist mit viel Freude und Glück, aber auch mit vielen Ängsten und Zweifeln verbunden. Elternsein ist eine der größten Herausforderungen im Leben eines Menschen. Große, wichtige Fragen begleiten sie: Wie werde ich eine gute Mutter? Wie ein guter Vater?

Du fragst Dich vielleicht, warum benötigt es ein weiteres Buch in der langen Reihe von Ratgebern. Wurde in all diesen Büchern nicht bereits alles beschrieben? Und Du hast Recht. In sehr vielen Ratgebern wurde schon sehr viel gesagt. Und trotzdem. Dieses Buch unterscheidet sich von all den anderen Büchern in einem wichtigen Punkt: Es spricht vor allem die Eltern von afrodeutschen Kindern an und geht auf ihre Fragen und Ängsten zur psychischen, emotionalen und körperlichen Entwicklung von ihren afrodeutschen Kindern ein, deren Belange in den meisten Erziehungs-, Baby- und Kinderratgebern kaum thematisiert wurden.

Wer sind afrodeutsche Kinder? Dieses Buch widmet sich einer Gruppe von Kindern, deren Existenz in der deutschsprachigen Literaturlandschaft zumeist unerwähnt bleibt. Diese Kinder, die Schwarze und/oder weiße Eltern haben, benötigen informierte Eltern. Eltern, die wissen, worauf bei der Erziehung von afrodeutschen Kindern zu achten ist. Eltern, die kinderverständlich erklären können, was Rassismus ist und wie er funktioniert und wie sich die Kinder (und auch die Eltern) dagegen zur Wehr setzen können. Eltern, die auf die Frage: »Mama, machst Du mir Cornrows?« mit einem souveränen »Ja!« antworten können, und Eltern, die keine Angst davor haben, ihrem Kind einen afrikanischen Namen zu geben.

Warum afrodeutsche Kinder? ›Ist es nicht diskriminierend, sie so herauszustellen?‹, werden sich nun viele Eltern fragen. Zumindest wenn sie Eltern weißer Kinder sind, deren Bedürfnisse in den meisten Büchern thematisiert werden. Nein, es ist nicht diskriminierend, sich auf eine Gruppe von

Menschen zu konzentrieren, deren Belange und Fragen bisher unerwähnt blieben. Es ist geradezu geboten, den Fokus auf die Menschen zu richten, deren Belange bisher in der Ratgeberliteratur fehlten.

Der Fokus dieses Buches richtet sich daher an die Eltern afrodeutscher Kinder und versucht, deren Wunsch gerecht zu werden, ihre Kinder zu gesunden und glücklichen Erwachsenen zu erziehen. Dieses Buch thematisiert daher Themenkomplexe, die von der Wahl des geeigneten Namens oder der Frage nach der bilingualen Erziehung bis hin zu unbequemen Themen wie dem Umgang mit rassistischen Vorfällen in der Umwelt und/oder der Lebenswelt des Kindes reichen. Diese Themen finden sich in keinem anderen Elternratgeber im deutschsprachigen Raum. Zumeist war daher die englischsprachige Literatur die einzige ›Anlaufstelle‹ zur Klärung solcher Fragen. Dieses Buch möchte die Lücke in der deutschsprachigen Literatur schließen und ein Ratgeber für Mütter und Väter von afrodeutschen Kindern sein. Damit die Eltern sich ganz auf das Wohlergehen ihrer Kinder konzentrieren können, dem wichtigsten Menschen in ihrem Leben.

Wie heißt Du?
Ich bin Naima Lerato Amari.

Wo wohnst Du?
Ich lebe in Berlin.

Welche Sprachen sprichst Du?
Ich spreche Deutsch und Englisch. Mit meiner Mami spreche ich Deutsch. Mit meinem Daddy Englisch.

Wo leben Deine Familien?
Meine Familien leben überall verteilt. Hier in Deutschland, in England, in Irland, in Nigeria, Südafrika und sonst wo.

Einführung

Afrodeutsche Kinder, Schwarze Kinder, wer sind sie? Mein ganzes Leben bewegte ich mich durch das Leben, manchmal als fröhliches Kind, manchmal als verletztes Kind, oft als unverstandenes Kind und Jugendliche. Als Schwarzes Mädchen in einer weißen, deutschen Familie, die sich aus christlichen und humanistischen Gründen für Menschen der afrikanischen und arabischen Länder einsetzte, war die Identifikation mit diesen Afrikanern und Afrikanerinnen nahezu unmöglich. Nicht wenige solcher Familien sind an kolonialen, rassistischen und diskriminierenden Strukturen gescheitert, und das Scheitern dieser Menschen war das Scheitern eines ganzen Kontinents. Wer würde sich freiwillig diesen Menschen zugehörig fühlen? Unbewusst hatte ich die rassistischen Bilder, die vom afrikanischen Kontinent gezeichnet wurden, verinnerlicht. Also musste ich, um gesund und selbstbewusst zu werden, ein schöneres, positiver besetztes Bild des Schwarzseins für mich entdecken. Dies fand ich in der identitätsbildenden Jugendzeit im Schwarzen Amerika, in der Bürgerrechtsbewegung der Afroamerikaner und Afroamerikanerinnen und deren ›Black is Beautiful‹-Bewegung, ihren Liedern und Geschichten, ihrer Popkultur, in ihren schönen Schwarzen Frauen und Männern. Das Schwarze Amerika wurde zu meiner Projektionsfläche und die Menschen zu meinen Vorbildern. Plötzlich war Schwarzsein cool und sexy.

Und eines Tages geschah etwas Wunderbares: Ein Gedicht begegnete mir und eine Frau, die mir mit einfachen Worten und klaren Bildern aus der Seele sprach. Der vermeintliche Widerspruch, einerseits Deutsche zu sein und andererseits afrikanische Wurzeln zu haben, war plötzlich vereinbar. All das fand sich nun in einem neuen Begriff. Einem Begriff, der Klarheit in die Gedanken brachte, den vermeintlichen Widerspruch der eigenen Existenz für nichtig erklärte: afrodeutsch oder Schwarze Deutsche. Ganz plötzlich war die eigene individuelle Geschichte keine Bürde mehr, sondern ein Privileg, Freude, Glück, Vollkommenheit.

Seit langer Zeit hegen viele Schwarze Menschen den Wunsch, den Weg für die nächste Generation zu ebnen, damit diese nicht immer wieder das Gefühl der Isolation und des Schmerzes und die Phasen der Desorientierung durchleben muss. Dieses Buch wendet sich an Eltern von afrodeutschen und Schwarzen Kindern, damit sie Begleiter und Begleiterinnen ihrer Kinder werden und ihnen zur Seite stehen können. Denn afrodeutsche Kinder sind in keiner Form etwas Besonderes, keine exotischen Wesen. Ihre Haut, ihre Haare, ihre Talente sind nichts Außergewöhnliches. Zwischen uns Schwarzen Menschen und der weißen Mehrheit steht häufig (noch) eine dicke Mauer aus Missverständnissen, rassistischen und exotischen Bildern – vermeintliches Wissen zu und über uns. Auch Schmerz und Tränen. Aber auch die Möglichkeit, wie es sein könnte: Zusammengehörigkeit, Liebe, offene Worte. Und der echte Blick, der nicht an Äußerem hängen bleibt und versteht: Jeder Mensch ist einzigartig.

Wie heißt Du?
Ich bin Dayo.

Wo wohnst Du?
Ich wohne mit Mama in Essen.

Welche Sprachen sprichst Du?
Mit meiner Mama spreche ich Deutsch, mit meinem Vater Französisch. Und im Traum mische ich beide Sprachen miteinander.

Woher kommen Deine Eltern?
Meine Mama kommt aus Deutschland, mein Papa aus Togo. Meine Familien leben in Deutschland, in Frankreich, in Nigeria, in Togo, in England. Überall.

Afrodeutsche Kinder – wer sie sind und woher sie kommen

Sind afrodeutsche Kinder ein Mysterium? Sie leben seit so langer Zeit in Deutschland und trotzdem meinen viele Menschen, sie nicht zu kennen. Sie erblicken sie auf den Straßen großer und kleiner Städte, in den Schulen und Kindergärten, als bester Freund ihres Sohnes, erste Liebe ihrer Tochter. Sehen ihre Frisuren und fragen sich, wie sie diese kopieren können, wundern sich über ihre guten Deutschkenntnisse und sehen eine besondere Schönheit in ihren Gesichtern. Und immer wieder fragen sie sich: Wo kommen sie her und wer sind ihre Eltern? Afrodeutsche Kinder sind Kinder, die mindestens einen Elternteil aus Afrika, Nord- oder Lateinamerika oder Europa haben. Sie leben in Deutschland und sprechen, singen und träumen auf Deutsch (und eventuell noch in anderen Sprachen). Sie haben ein Schwarzes (bio-

Die weite Welt der Afros:
afrodeutsch, afrobrasilianisch, afroösterreichisch, afroschweizerisch, afroamerikanisch ...

logisches) Elternteil, oder auch zwei. Ihr eines oder beide Schwarze Elternteile leben in Deutschland. »Warum?«, werden sich einige fragen? Die Gründe sind sehr unterschiedlich. Weil sie hier arbeiten. Weil sie aus vielen verschiedenen Gründen ihre Herkunftsländer verlassen haben. Weil sie hier eine Ausbildung machen oder studieren. Weil sie eine großartige Geschäftsidee umgesetzt haben. Weil sie wunderschöne Kleider designen oder Vielfalt in die Haar- und Frisurenwelt in Deutschland bringen. Weil sie die deutsche Sprache lieben und endlich einmal ein deutsches Leberwurstbrot probieren wollten. Weil sie sich verliebten und diesem besonderen Menschen nach Deutschland folgten. Oder: weil sie schon immer Deutsche waren. Afrodeutsche, wie schon ihre Eltern und Großeltern und Urgroßeltern. Für all diese Menschen gilt: Deutschland bildet den Lebensmittelpunkt ihres Seins und das ihres Kindes. Ihres afrodeutschen Kindes.

Afrodeutsche Kinder müssen nicht deutsche Staatsbürger_innen sein. Sie können ein oder zwei Staatsbürgerschaften haben. Sie können neben Deutsch auch weitere Sprachen sprechen. Sie können ein weißes Elternteil und ein Schwarzes Elternteil haben. Ihre Eltern können beide einen afrikanischen oder einen amerikanischen Hintergrund haben. Afrodeutsche Kinder können adoptiert worden sein oder mit weißen Pflegeeltern leben. Afrodeutsche Familien sind so komplex und vielfältig, wie Familien eben sind.

Afrodeutsche Kinder bezeichnen sich heute vielleicht mit Bindestrich, als kenianisch-deutsch oder deutsch-jamaikanisch. Sie sehen sich als Deutsche mit nigerianischer Migrationsgeschichte oder einfach als DEUTSCHE. Schwarze Deutsche. AFRODEUTSCH. Endlich gibt es Begriffe, die sie und ihre vielfältigen kulturellen, historischen und individuellen Persönlichkeiten und Identitäten mit einschließen, ihren deutschen Lebensmittelpunkt in den Mittelpunkt rücken, aber auch ihre weitere/n kulturellen Verortung/en. Ihre Erfahrungen, Schwarz zu sein in einer Gesellschaft, die sich als weiß versteht. Und Begriffe, die sie mit anderen schwarzen

Menschen dieser Welt verbinden, die ähnliche Erfahrungen machen, aufgrund ihres Aussehens, ihres Namens, ihres Status' oder ihres Gefühls, nicht dazuzugehören. Heute sprechen wir von Afro-Schweizern und Afro-Österreicherinnen, von Afro-Kolumbianerinnen und Afro-Russen. Von Afro-Amerikanern und Afro-Schwedinnen. Und natürlich auch von Afrodeutschen. Wer sind also die afrodeutschen Kinder? Schau Dir Dein Kind an. Es ist Dein Kind.

Von (Vor-)Bildern und anderen Fixsternen im Leben

Schwarze Menschen gehören selbstverständlich zur deutschen Gesellschaft und nicht erst seit Jérôme Boateng zum »Lieblingsnachbar« aller Deutschen gekürt wurde oder afrodeutsche junge Frauen, sei es Lovelyn Enebechi oder Sara Nuru, in *Germany's next topmodel*, selbstverständlich als deutsche ›Topmodels‹ geadelt werden. Afrodeutsche Vorbilder finden sich in allen Sphären des gesellschaftlichen Lebens wider. Als Nationalhelden der deutschen Nationalmannschaft, als Moderatorinnen im Fernsehen, als Wissenschaftler_innen an deutschen Universitäten. Und auch als Literatur-Preisträgerin des Ingeborg-Bachmann-Preises (Sharon Dodua Otoo). Und an so vielen anderen Orten. Es gibt sie, die afrodeutschen Vorbilder, nur sind sie bis heute zu wenig bekannt in der deutschen Mehrheitsgesellschaft.

Es lohnt sich für Eltern, sich die Mühe zu machen und sich mit Schwarzen Persönlichkeiten auseinanderzusetzen. Kinder brauchen Vorbilder. Auch weiße Kinder. Sie bekommen diese nur sehr viel häufiger vermittelt: in Filmen, im Fernsehen, in den Medien, in Büchern. Daher benötigen afrodeutsche Kinder afrodeutsche Vorbilder, Menschen, die ihnen zeigen, was sie erreichen könn(t)en. Menschen, die sie inspirieren, Menschen, die ihre Unsicherheiten, ihre Ängste kennen. Menschen, die ihnen zeigen, was alles möglich ist. Vorbilder eben.

Wie heißt Du?
Ich heiße Lefa.

Wo wohnst Du?
Ich wohne mit Mama und Papa in der Nähe von Kassel.

Welche Sprachen sprichst Du?
Mit Mama spreche ich Deutsch, mit meinem Papa meistens Setswana, aber Mama und Papa sprechen meistens Englisch miteinander.

Wo leben Deine Familien?
Mein Papa kommt aus Botswana und meine Mama aus Deutschland. Da wohnen auch meine anderen Verwandten.

Willkommen im Leben

Dein Baby ist da und damit beginnt eines der größten Abenteuer im Leben eines Menschen. Und mit dem Kennenlernen dieses Menschen stellst Du Dir die größten Fragen des Lebens an Dich selbst: Werde ich ein guter Vater sein? Eine gute Mutter? Wie nenne ich das Kind? (Denn dieser Name wird es ein Leben lang begleiten.) Wie schütze ich mein Kind vor rassistischen Erfahrungen? Diese Fragen und viele weitere werden Dich von nun an begleiten. Nicht auf alle Fragen wirst Du schnell eine Antwort finden.

In diesem Kapitel behandle ich die Ankunft Deines kleinen Kindes in Deiner Familie. Wie möchtest Du Dein Kind auf dieser Welt begrüßen? Welchen Namen wählt ihr aus? An Fragen wird es niemals mangeln, nur die Antworten gestalten sich manchmal schwierig.

»Hallo Welt, hier bin ich« – das Baby willkommen heißen

Dein Kind ist da und mit der Geburt stellt sich die Frage: wie möchte ich mein Kind begrüßen? Wie möchte ich es auf das Leben vorbereiten? Wie kann ich der Welt offiziell mein Glück zeigen? Es gibt viele Rituale und Zeremonien, die das Kind im Leben begrüßen: die drei Weltreligionen, Christentum, Islam und Judentum, haben ihre jeweils eigenen Rituale entwickelt, ein Neugeborenes in der Welt zu begrüßen und in die Glaubensgemeinschaft aufzunehmen. Aber es gibt auch Alternativen, falls Eltern sich für einen anderen, gleichfalls persönlichen Weg entscheiden möchten.

Die christliche Taufe

Das Wort ›Taufe‹ kommt aus dem Griechischen und bedeutet ›Ein- bzw. Untertauchen‹. Mit dem Eintauchen des Kindes in bzw. das Beträufeln des Kindes mit Weihwasser in einer Kirche wird ein Taufspruch gesprochen und das Kind damit in die religiöse Gemeinschaft aufgenommen. Mit der Taufe wird das Kind offiziell in der Welt und der christlichen Gemeinschaft willkommen geheißen und in Gottes Obhut gegeben. Die Taufpaten und Taufpatinnen stehen dem Kind zur Seite und begleiten es auf seinem Lebensweg. Traditionell tragen sie eine große Verantwortung für das Kind, denn sollte den Eltern etwas widerfahren, so versprechen sie bei der Taufe, an Mutters und Vaters statt für das Kind zu sorgen.

Die Taufe wird in einem Taufgottesdienst im Kreis der Familie und der Freund_innen in einer Kirche begangen. In einem persönlichen Vorgespräch besteht die Möglichkeit, die Taufe mit selbstgewählten Taufsprüchen und Liedern persönlich zu gestalten.

Die freie Taufe

Die freie Taufe lehnt sich an die christliche Taufe an, nur findet sie nicht im Rahmen einer Kirche statt und wird daher auch nicht von Pfarrer_innen bzw. Pastor_innen durchgeführt. An deren Stelle treten freie Theolog_innen bzw. Redner_innen. Die freie Taufe erlaubt Dir ebenfalls, eine Patin bzw. einen Paten für Dein Kind auszuwählen bzw. eine Segnung zu sprechen. Eltern, die sich eine christliche Taufe im Rahmen der Kirche nicht vorstellen können, denen aber die Idee der Taufe, der Segnung und der Patenschaft gefällt, finden sich in der Form wieder. Diese Form erlaubt Dir eine noch freiere Gestaltung der Taufe.

Die Begrüßung des Kindes: das muslimische Glaubensbekenntnis

Im muslimischen Glauben richtet die Familie des Neugeborenen zur Geburt ein Fest aus und serviert ein Opfertier, das für diesen Zweck geschlachtet wurde. Im Kreise der Familie und der Freund_innen wird dieses verspeist und damit das Kind willkommen geheißen. Eine Taufe bzw. ein Ritual zur Aufnahme eines Kindes in die Religionsgemeinschaft existiert im Islam nicht, da in der muslimischen Vorstellung jeder Mensch als Muslim_in zur Welt kommt. Kommt ein Kind auf die Welt, so werden ihm der islamische Ruf zum Gebet bzw. das Glaubensbekenntnis in die Ohren geflüstert. Das sollten die ersten Worte sein, die ein Kind hört, um es vor allem Übel zu schützen. Diese Geste markiert den Beginn des Kindes in der muslimischen Glaubensgemeinschaft. Besondere Schutzpraktiken und Rituale begleiten die ersten Tage des Neugeborenen. So werden kleine blaue Perlen in die Kleidung des Kindes eingewoben, die es vor dem ›Bösen Blick‹ bewahren sollen. Vierzig Tage zieht sich dann die Familie zurück, um sich kennenzulernen. Die Beschneidung des Jungen findet ganz nach religiöser Tradition zwischen dem 7. Tag nach der Geburt und dem 15. Lebensjahr statt.

Brit Mila: Geburt und Beschneidung

Auch im Judentum bedarf es keiner besonderen Zeremonie, um in die jüdische Glaubensgemeinschaft aufgenommen zu werden. Traditionell gehört jedes Kind zur Glaubensgemeinschaft, das eine jüdische Mutter hat. »Baruch ha-ba! Gegrüßet sei der, der da kommt!« Mit diesen Worten wird der neugeborene jüdische Junge begrüßt. Für gewöhnlich findet die Beschneidungszeremonie am achten Tag nach der Geburt, sollte jedoch nicht später als im 13. Lebensjahr, stattfinden. Die Beschneidung gilt als das Zeichen des Bundes zwischen Gott und dem jüdischen Volk. Mit der Beschneidung erhält der Junge einen jüdischen Namen und trägt diesen neben dem bürgerlichen Namen. Die Beschneidung kann somit als der offizielle Akt der Aufnahme des Kindes in die Glaubensgemeinschaft angesehen werden.

Die Aufnahme eines Mädchens in die jüdische Glaubensgemeinschaft unterscheidet sich im Wesentlichen dadurch, dass keine Beschneidung stattfindet und das Mädchen mit der Segnung am Sabbat aufgenommen wird. Auch sie erhält ihren Namen bei dieser Zeremonie.

Die Geburtsfeier

Es gibt Eltern, die aus der Kirche ausgetreten sind und sich bewusst gegen eine religiöse Begrüßungsfeier für ihr Kind entscheiden. Diese suchen nach einer alternativen Begrüßungszeremonie für ihr Kind. Die Geburtsfeier könnte diese Alternative darstellen. Gerade im Wunsch, dem Kind Paten und Patinnen zur Seite zu stellen, Menschen, die eine enge Bezugsperson für das Kind bilden und im besonderen Maße Sorge für das Kind tragen. Natürlich kann dies auch ohne offizielle Zeremonie geschehen. Gute Freunde und Freundinnen, liebe Verwandte, sie alle können in einem formlosen Akt bzw. im täglichen Praktizieren zu wichtigen Bezugspersonen für das Kind werden. Mit einer Zeremonie oder eingebunden in ein Ritual wird das jedoch allen bewusster vor Augen gehalten und bildet zudem eine schöne Erinnerung.

Die Geburtsfeier kann als Willkommensritual gesehen werden, bei der das Kind im Leben begrüßt wird. Wie ihr die Geburtsfeier gestaltet wollt, liegt an euch. Angelehnt an die Feierlichkeiten der Taufe, können besondere Lieder und Texte für das Kind ausgewählt, Paten und Patinnen benannt und Familie, Freunde und Freundinnen eingeladen werden. Alle Beteiligten können dem Kind ihre Wünsche ausdrücken, eine Geburtskerze gestalten und anzünden, gemeinsam singen und tanzen, ganz allgemein die Feier gemeinsam gestalten und das Kind im Leben willkommen heißen. In Deutschland gibt es kaum Rituale zur individuellen Ausgestaltung der Geburtsfeier, daher lasst eure Fantasie spielen und gestaltet euer eigenes Fest.

Die Namensgebungszeremonie

Die Namensgebungszeremonie, auch ›Naming-Ceremony‹, ist eine weitere Form das Kind in dieser Welt zu begrüßen. Vor allem in afrikanischen Ländern tritt diese Zeremonie an die Stelle der Taufe. Natürlich gibt es nicht nur eine Form, solch eine Namenszeremonie durchzuführen. Vielmehr existiert eine Vielzahl von unterschiedlichen Ritualen. Beispielhaft möchte ich hier kurz auf die Namensgebungszeremonie der Yoruba, einer Bevölkerungsgruppe im Südwesten Nigerias, eingehen.

Namen spielen bei den Yoruba eine große Rolle. Denn der Name verbindet das Kind mit der Vergangenheit und der Zukunft. Die Zeremonie findet üblicherweise am 8. Tag nach der Geburt statt. Dieser Zeitraum erlaubt es Mutter und Kind, sich von der Geburt zu erholen, denn nur die engsten Familienmitglieder besuchen die Familie in diesem Zeitraum. Das Kind trägt in dieser Zeit noch keinen Namen. Die Zeremonie wird üblicherweise von einem Ältesten der Familie abgehalten. Angehörige, Familienmitglieder und Freund_innen werden zur Zeremonie eingeladen, um das Baby zu begrüßen und ihm einen Namen zu geben. Bei reichhaltigem Tisch, mit Gebeten und Gesang wird das Kind gesegnet und willkommen geheißen. Traditionell haben alle Gäste die Möglichkeit, einen Namensvorschlag abzugeben. So ist es nicht unüblich, dass ein Kind bis zu zehn Namen erhält. Jedoch wird die endgültige Namenswahl meist den Eltern bzw. Großeltern überlassen. Anschließend wird das neue Leben mit Singen und Tanzen begrüßt.

Diese Form, das Kind zu begrüßen, erlaubt es den Eltern, ihr Kind auf eine ganz eigene Art zu begrüßen und der Welt vorzustellen.

Wie heißt Du?
Ich heiße Nilaya.

Welche Sprachen sprecht ihr zuhause?
Meine Mama spricht mit mir Deutsch und mein Vater mit mir Spanisch. Ich aber spreche meine eigene Sprache.

Wo leben Deine Familien?
Meine Familien leben in Deutschland, Cuba und Dänemark.

Wer macht Deine Haare?
Meine Haare macht meine Mama.

Mein Name und ich: Eine On-Off-Beziehung

Give your daughters difficult names.
Give your daughters names that command the full use of tongue.
My name makes you want to tell me the truth.
My name doesn't allow me to trust anyone
that cannot pronounce it right.

Warsan Shire, somalisch-britische Autorin und Poetin

Mein Name ist ein Lobgesang meiner Eltern, um das neue Leben zu begrüßen. Eine Verneigung vor denen, die vor mir dagewesen sind, ein Gruß an die, die nach uns kommen werden. In meinen Namen steckten sie ihre Träume, ihre Wünsche, ihre Hoffnungen.

Ich mochte diesen Namen nicht.

Ich habe mir immer einen Namen gewünscht, der für die deutsche Zunge einfach auszusprechen ist, der keine Verwunderung auslöst, keinen Fragenkatalog nach sich zieht. Einen Namen, der durch Normalität und Unscheinbarkeit besticht und schnell in Vergessenheit gerät. Also wuchs ich heran mit dem Wunsch nach einem anderen Namen. Wenn sich die

Gelegenheit bot, verpasste ich mir einen neuen Namen. Und lieh mir den Nachnamen meiner deutschen Familie. Dieser Name verschaffte mir eine kleine Atempause und ich wuchs in diesen Namen hinein. Der Name passte zwar nie vollkommen, war wie ein zu großer Schuh, aber ich lernte mit diesem Schuh zu laufen. Der Gang mag etwas gewöhnungsbedürftig gewesen sein, der Schritt etwas zu groß, das Schlurfen des Schuhs nicht besonders elegant. Aber ich kam unbescholten von A nach B. Schließlich, als die Jahre vergingen, kehrte ich zu meinem viel zu großen, fremden Namen zurück. Und obwohl dieser Name zu mir gehörte, fühlte er sich lange Zeit unpassend an.

Im Laufe der Jahre lernte ich meinen Namen kennen und lieben. Zuerst half ich noch bereitwillig und voller Verständnis vielen Menschen dabei, meinen ›ach so komplizierten‹ Namen richtig auszusprechen. Mehr oder weniger kreative Abkürzungen meines Namens nahm ich bereitwillig hin und lernte sie zu akzeptieren. Mehr noch, ich schlug sie bei nächster Gelegenheit vor, um neue Bekannte und auch mich vor der Peinlichkeit der falschen Aussprache zu bewahren. Bis mein Name jedoch zu mir passte, sollte noch einige Zeit vergehen. Bis ich ihn schließlich, mutig und zu mir selbst geworden, voller Wärme und Zuneigung annehmen konnte. Und erkannte: Mein Name ist ein Traum, eine Vision, eine Hoffnung. Das größte Geschenk, das Eltern ihrem Kind mitgeben können. Und diesen Namen nur verkürzt und abgekürzt weiterzugeben, andere Menschen diesen Namen gar nicht erst kennenlernen zu lassen, ist ein Fehler. Daher: kein Name ist zu kompliziert, keine Zunge zu unfähig, den Namen Deines Kindes auszusprechen.

Die Qual der Wahl: der Vorname

Mit Beginn der Schwangerschaft beginnt die Qual der Wahl. Welchen Namen wähle ich für mein Kind. Einen traditionellen Namen, einen ausgefallenen Namen? Einen Namen, der

Aufschluss über meinen religiösen Hintergrund gibt? Oder doch einen modernen Namen?

Vielleicht möchtest Du Deinem Kind auch einen Namen geben, der die ganz eigene Geschichte des Kindes wiedergibt: die kulturellen Verwicklungen, die Orte der Menschen, die vor ihm dagewesen sind, die Orte, auf die sich das Kind immer berufen kann.

Viele Eltern verbinden mit der Namenswahl eine Möglichkeit, sich mit ihrer Herkunft, ihrer(n) Kultur(en) und dem Land zu verbinden.

Ein europäischer Vorname

Markus, Thomas, Tobias oder Ida, Rosalie und Melanie. Europäische Vornamen bzw. Vornamen, die eine lange Tradition in Europa haben, können eine gute Wahl sein, wenn Du Deinem Kind einen Namen geben möchtest, der den meisten Menschen in Deutschland bekannt ist. Wenn Du das tun möchtest, dann tu das. Es sprechen viele Gründe dafür. Der Name löst bei den meisten Menschen in Deutschland keine Überraschung aus und muss nicht etwa beim Standesamt durchgefochten werden. Die Kinder haben es leichter in der Schule, argumentieren Eltern, die sich aus diesen Gründen für einen europäischen Namen entschieden haben. Vielleicht gibt in Deiner Familie auch eine Namenstradition, die Du gerne weiterführen möchtest: den Namen der Mutter oder des Vaters auszuwählen, um mit ihnen in besonderer Weise verbunden zu sein, oder die der Großeltern, um ihrer zu gedenken. Vielleicht gefallen Dir auch einfach Namen, die dem Zeitgeist unterliegen. Wie auch immer Du Dich entscheidest, es wird der richtige Name für euer Kind sein.

Es gibt einen wichtigen Aspekt, den Du Dir jedoch bei der Wahl eines westlichen Namens überlegen könntest: Wie wäre es, einen zweiten Vornamen, z.B. einen afrikanischen Vornamen zu wählen? Einen zweiten Namen, der Zeugnis ablegt von der Verortung Deines Kindes? Einen Namen, der auf den karibischen, amerikanischen oder afrikanischen Hintergrund verweist? Einen Namen, der das Kind mit den Menschen aus diesen Ländern und Kontexten verbindet? Nicht wenige Eltern entscheiden sich für diese Kombination, um dem Kind im späteren Alter, die Möglichkeit zu geben, sich für genau diesen Vornamen zu entscheiden, ohne eine große Namensänderung durchfechten zu müssen. Denn nicht wenige afrodeutsche bzw. Schwarze Erwachsene vermissen genau diese Möglichkeit, ihre kulturelle und identitäre Vielschichtigkeit über den Namen auszudrücken. Die Entscheidung, dem Kind zwei Vornamen aus zwei Kulturkreisen zu geben, erlaubt diesem genau das: den europäischen Namen zu tragen, aber sich – falls gewünscht – zu einem späteren Zeitpunkt für den anderen Namen zu entscheiden. Oder auch beide zu tragen.

Die Kombination aus europäischem Vornamen und nichtdeutschem Nachnamen

Bei dieser Namenskombination deutet ja schon der Nachname auf eine weitere kulturelle Prägung hin. Einige Eltern entscheiden sich daher dafür, einen von der deutschen Gesellschaft ›unkompliziert‹ gelesenen Vornamen zu wählen, um es dem Kind und der Umwelt leichter zu machen. Aber auch um das Kind in dem Lebensmittelpunkt, in das es hineingeboren wird, in diesem Fall in Deutschland, zu verorten.

Die Kombination aus nicht-europäischem Vornamen und deutschem Nachnamen

Eltern, die ihrem Kind einen deutschen Nachnamen mitgeben, könnten folgende Fragen bei der Wahl des Vornamens berücksichtigen:

- Möchten wir, dass das Kind mit der anderen kulturellen und geografischen Herkunft verbunden wird, auch wenn wir möglicherweise dem Kind nicht mehr als den Namen mitgeben können?

- Möchten wir bei der Wahl eines bspw. afrikanischen Vornamens immer wieder erklären müssen, wie wir auf diesen Namen gekommen sind?
- Möchten wir wirklich einen ganz ›gewöhnlichen‹ Nachnamen für unser afrodeutsches Kind haben (falls es die Möglichkeit gibt, zwischen einem afrikanischen und einem europäischen Nachnamen zu wechseln, bspw. bei unverheirateten Paaren)?
- Wissen wir tatsächlich, was der afrikanische Vorname bedeutet, in welchem gesellschaftlichen und kulturellen Kontext der Name verortet ist?
- Erschweren wir es dem Kind nicht, in der deutschen Gesellschaft angenommen zu werden, wenn wir ihm einen afrikanischen Vornamen geben?
- Erschweren wir es dem Kind nicht, wenn sein Nachname nicht auf die Diversität seines Backgrounds hindeutet?

Die Entscheidung für einen afrikanischen Vornamen

Sade, Dayo, Wambui, Thindi, Lefa. Vielleicht möchtet ihr Eurem Kind einen afrikanischen Namen geben, um die Verbundenheit mit dem afrikanischen Kontinent zu signalisieren. Einen Namen, der die Verbundenheit zur Mutter, zum Vater oder weiteren Familienangehörigen ausdrückt. Es ist gerade für Eltern, die die afrikanischen Sprachen und Kontexte nicht kennen, nicht einfach, einen geeigneten, afrikanischen Namen zu finden. Die Namensfindung gestaltet sich schwierig, da es bisher leider kaum Namensenzyklopädien der über 2.000 afrikanischen Sprachen gibt. Daher sind viele Eltern darauf angewiesen, Namen über persönliche Kontakte zu erfahren oder auf die Namen der ›großen‹ Sprachen, also der Sprachen, die von einer großen Menschengruppe als Muttersprache oder Verkehrssprache gesprochen werden, zurückzugreifen.

Achtet bei der Wahl eines Namens darauf, nicht allein nach persönlichen Vorlieben zu entscheiden, sondern gleichfalls auf die Bedeutung, den Klang sowie die Aussprechbarkeit in dem Kontext, in dem das Kind aufwächst, zu achten. Was nützt es, einen besonders bedeutungsvollen oder klangvollen Namen zu haben, wenn er nur von den wenigsten Menschen ausgesprochen werden kann? Ihr könntet euch daher überlegen, einen europäischen Zweitnamen auszuwählen, um eurem Kind die Möglichkeit zu geben, in einem späteren Alter – falls gewünscht – den europäischen Zweitnamen zu nutzen.

Der Rufname

Im Pass bzw. in der Geburtsurkunde des Kindes sind alle Vornamen des Kindes eingetragen. Dabei gilt: alle Vornamen sind gleichberechtigt. Verfügt ein Kind über mehrere Vornamen, so können die Eltern frei entscheiden, welcher davon als Rufname fungieren soll. Das erlaubt es dem Kind im späteren Leben, einen anderen Vornamen zum offiziellen Rufnamen zu machen. Dieser Wechsel ist gesetzlich zulässig und stellt keine Namensänderung dar. Diese Möglichkeit ist gerade bei der Kombination von europäischen und afrikanischen Vornamen geeignet, um dem Kind die Möglichkeit zu geben, im späteren Leben einen Vornamen zu wählen, der möglicherweise nun besser zu ihm passt. Aber: Es ist nur möglich zwischen den offiziellen Vornamen zu wechseln. Die Aufnahme eines neuen Vornamens muss im Rahmen eines Namensänderungsverfahrens nach dem Namensänderungsgesetz beantragt werden.

Das deutsche Namensrecht

Du darfst den Vornamen Deines Kindes grundsätzlich frei wählen, denn der Name steht wie nichts anderes für die Individualität der Person. Auch die Anzahl der Vornamen, die Du Deinem Kind geben möchtest, steht Dir prinzipiell frei und ist nicht gesetzlich vorgegeben. Daher können Eltern frei wählen zwischen traditionellen Namen, Fantasienamen, Kurzformen und Namensvarianten, die in Deutschland bislang noch nicht bekannt sind.

Darfst Du den Namen wirklich frei wählen? So ganz frei bist Du natürlich nicht. Es gibt Einschränkungen, denen die Namenswahl unterliegt, die durch das Gewohnheitsrecht oder höchstrichterliche Sprüche begründet sind. So prüfen die Gerichte bzw. die Standesämter, ob es hinsichtlich eines bestimmten Namenswunsches schon entsprechende Gerichtsurteile gab, auf deren Grundlage die Praxis weiterhin plausibel angewandt werden kann. Dem zugrunde liegt aber immer das Kindeswohl und die »allgemeine Sitte und Ordnung«. So dürfen Kinder nicht der Lächerlichkeit preisgegeben oder in ihrer Würde verletzt werden. Das unterliegt natürlich immer der Ansicht der betroffenen Personen.

Eindeutige Zuordenbarkeit zu einem Geschlecht

Namen müssen eindeutig einem Geschlecht zuordenbar sein. So sieht es die Theorie vor. Im Kontext afrikanischer Namen kann es dabei durchaus zum Klärungsbedarf vonseiten des Standesamtes kommen, da viele afrikanische Namen Unisex-Namen sind, die sowohl für Mädchen als auch für Jungen verwendet werden. Daher bedarf es eines zweiten Vornamens, der eindeutig auf das Geschlecht schließen lässt. Zusätzlich muss der Vorname jedoch auch im Herkunftsland schon als Name des jeweiligen Geschlechts bereits angewendet worden sein.

Dies gilt ebenfalls für Fantasienamen. Nicht alle Standesämter dulden sie, doch einige lassen sie gelten, solange sie nicht gegen die »allgemeine Sitte und Ordnung« verstoßen oder die Würde des Kindes verletzten. Aber auch in diesem Fall muss im zweiten Vornamen das Geschlecht erkennbar sein.

Daher gilt: Entscheidungen der Gerichte und des Standesamt haben nicht für alle Entscheidungen endgültige Bindung. Es gilt, von Fall zu Fall neu zu verhandeln, da es sich oftmals um Einzelfallentscheidungen handelt.

Besonderer Fall: Namensrecht bei Adoptionen

Solltest Du Dein afrodeutsches Kind durch Adoption angenommen haben, so besteht für Dich die Möglichkeit, den Namen des Kindes zu ändern. Gründe können das Wohl des Kind sein, das z.B. auf diese Art nicht ständig an eine traumatisierende Vergangenheit erinnert wird, oder die Einbindung in die hiesige Gesellschaft mit ihren entsprechenden Familientraditionen. Aber es gilt auch zu bedenken, dass die Aufgabe des bisherigen Vornamens die Verbindung zur Vergangenheit des Kindes und damit eine wichtige Brücke zu seiner Herkunft unterbricht. Ein schöner Kompromiss könnte sein, dem Kind einen zusätzlichen Vornamen zum bestehenden zu geben.

Die süßesten Worte der Welt: Kosenamen

Wer hört sie nicht gerne: Koseworte. Schatz, Liebling, Honigbär, Mäuschen. Sie schmeicheln der Seele, sind wie sanfte Küsse auf der Haut und schmelzen auf der Zunge wie Eis. Und trotzdem, nicht alle Kosenamen sind so unschuldig oder süß, wie sie zunächst klingen. Und das gilt insbesondere für die Kosenamen, mit denen afrodeutsche Kinder bedacht werden. Ohne auf die vielfältigen Begriffe eingehen zu wollen, die (weiße) Menschen kreieren, sobald ihr Blick auf ein afrodeutsches Gesicht fällt, müssen doch einige exemplarisch erwähnt werden: »Kleines Teufelchen«, »kleiner Schokobär« oder »Äffchen«, um nur einige davon herauszupicken. Nicht selten verschleiern diese Kosenamen auf den ersten Blick ihren wahren, oft schmerzhaften Kern. Denn, wer liebt sie nicht, die süße Schokolade, oder muss nicht über die lustigen Affen im Zoo lachen. Und auch ein kleiner Teufel scheint auf den ersten Blick wenig schreckhaft zu sein. Doch klingen diese Begriffe nur auf den ersten Blick so unschuldig. Denn sie bedienen latent rassistische Bilder, die Jahrhunderte alt sind und dazu dien(t)en, Schwarze Menschen zu erniedrigen und sie in die Nähe von Tieren, dem Bösen (Teufel) oder von Objekten (Schokolade) zu rücken.

Es gibt Eltern, die nichts gegen diese Art ›Komplimente‹ haben. Welchen Eltern gefällt es nicht, wenn sie Komplimente für ihre süßen und bezaubernden Kindern erhalten. Doch es gibt auch Eltern, die in dieser ›Nettigkeit‹ eben jenes Echo aus den vergangenen Zeiten erkennen und sich dagegen wehren. Denn sie gehen zwar wie alle Eltern davon aus, besonders süße Kinder zu haben. Und ja, ihre afrodeutschen Kinder sind ausnehmend hübsch und bezaubernd. Aber natürlich meist nicht mehr oder weniger als andere Kinder. Das, was die meisten Menschen in den afrodeutschen Kindern sehen, hat oft mit exotischen Bildern zu tun, mit jahrhundertealten Assoziationen. Den Eltern und auch den Kindern fällt es schwer, sich gegen diese ›Nettigkeiten‹« zu wehren. Doch sie merken intuitiv – wenn sie es nicht bereits wissen –, dass diese ›Komplimente‹ in einem historischen Kontext stehen und nur sehr wenig oder überhaupt nichts mit ihnen zu tun haben.

Und noch etwas passiert. Wenn sie sich gegen diese ›Komplimente‹ wehren, erfahren sie zumeist eine heftige Reaktion auf ihre Ablehnung. Sie werden als überempfindlich bezeichnet oder es wird versucht, sie von der guten Natur des ›Kompliments‹ zu überzeugen. Meist werden zudem Beispiele anderer Schwarzer Menschen zitiert, die angeblich überhaupt kein Problem damit haben, so oder so bezeichnet zu werden. Oft wird als letztes Argument angeführt, diese Schwarzen Kinder seien nun mal besonders süß. Aber natürlich spielt der exotische Aspekt hier eine besondere Rolle: der süße kleine Schwarze Junge, der gefährliche Schwarze Mann... Diese Bilder haben nichts mit Deinem Kind zu tun. Sie zeugen nur von einer Gesellschaft, die fasziniert von Schwarzen Menschen ist und ihnen ängstlich und ablehnend zugleich gegenübertritt.

Also, falls Du bzw. Dein Kind wieder einmal mit einem seltsam anmutenden ›Kompliment‹ beglückt werdet, versuche nicht, dies mit einem ähnlichen Kompliment zu kontern. Das funktioniert nicht, da diese Begriffe keinen historischen

Hintergrund haben und dadurch nicht die gleiche schmerzliche Kraft entfalten. Die Reaktionen, die diese Worte auslösen, sind nur ein Hauch im Vergleich zur Wucht, mit der die gewaltvollen rassistischen Begriffe treffen.

Belaste Dich nicht mit den Meinungen anderer. Wenn Dir die Freundlichkeiten nicht gefallen, ignoriere sie.

Antworte lieber: »Ich möchte nicht, dass Du mein Kind so nennst. Es gibt so viele Komplimente die Du benutzen kannst, die mein Kind nicht in Beziehung zu seiner schönen Hautfarbe setzen. Ich möchte, dass mein Kind als Kind wahrgenommen wird, nicht als exotisches Objekt. Ein Vorschlag: Nenn mein Kind bei seinem Namen. Und Komplimente wie Engelchen, Süßer oder Liebling funktionieren sowieso immer.«

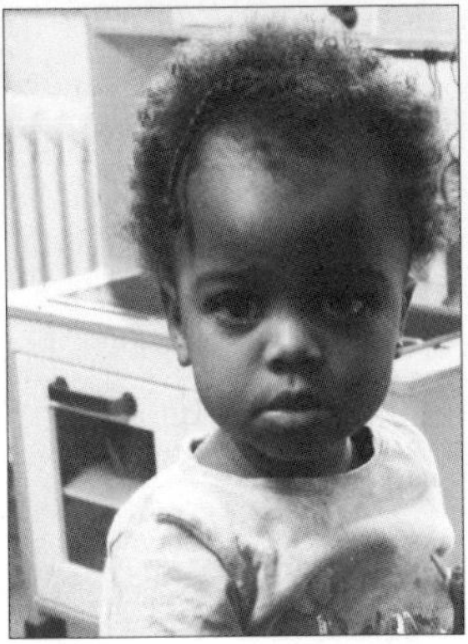

Wie heißt Du?
Ich heiße M'Sozi Naima Amma.

Wo wohnst Du?
In Berlin.

Welche Sprachen sprecht ihr zuhause?
Englisch und Deutsch.

Wo leben Deine Familien
Meine Familien leben in Deutschland, Ghana, Mosambik, Holland und den USA..

Bauchnasen, Melanin und Sommersprossen – der Körper des Kindes und seine Pflege

Unsere Tochter kam mit einem großen Nabelbruch auf die Welt. Eine schöne Bauchnase, wie wir die Herausstülpung um ihren Nabel herum zärtlich nannten. Die Diagnose, die jedem offensichtlich war lautete: ein Nabelbruch. Ein großer Nabelbruch. Wir wurden sofort beruhigt, das Mädchen erleide keine Schmerzen, da der Bruch bzw. das Loch in der Bauchdecke so groß wäre, dass der Darm, der sich durch das Loch nach außen stülpe, unbehindert raus- und reingleiten könne. Im Laufe der Zeit schließe sich dieses Loch meist selbstständig. Soweit alles gut. In regelmäßigen Abständen ließen wir ihren Bauchnabel untersuchen. Fast immer lautete der erste, vielleicht auch zweite Satz, den wir zu hören beka-

Was ist ein Nabelbruch?
Bei einem Nabelbruch handelt es sich um eine (meist angeborene) Schwachstelle der Bauchwand. Dabei können Gewebe wie auch Organe (Darm) ungeschützt durch die Decke treten.

men, sobald die Ärzt_innen einen Blick darauf geworfen hatten: »Das ist eben so bei diesen Kindern.« Unsere empörte Frage »Bei welchen Kindern?« wurde meist nervös und peinlich berührt beantwortet: bei afrikanischen Kindern, bei Schwarzen Kindern. Häufig wurden Statistiken bemüht, oftmals gab es nur ein Schulterzucken oder ein »Das ist eben so« als Reaktion auf diese absonderliche Behauptung. Bis heute haben wir keine befriedigende medizinische Erklärung für ihren großen Bauchnabel erhalten. Andere Eltern afrodeutscher Kinder erzählen von unwissenden Ärzt_innen, die beim Anblick des neugeborenen Kindes den Verdacht auf eine Gelbsucht äußerten, was sich glücklicherweise als Irrtum herausstellte. Die Ärzt_innen konnten einfach die beginnende Pigmentierung der Haut nicht richtig deuten und zogen aus ihrer Unkenntnis heraus die falschen Schlüsse. Es wird sogar von Ärzt_innen berichtet, die aufgrund ihrer Unerfahrenheit daran scheiterten, die Venen des Kindes zu finden. Solche Erfahrungen sind es, die Eltern afrodeutscher Kinder sehr vorsichtig werden lassen. Unser Weg in die Elternschaft begann mit diesem Sprung ins kalte Wasser. Wie alle Eltern wollen wir nur das Allerbeste für unser Kind. Wir wollen die besten Ärzt_innen, die ein »Das ist eben so« nicht hinnehmen und nach befriedigenden Erklärungen suchen. Ärz_tinnen, die sich mit afrodeutschen bzw. nicht-weißen Kindern auskennen, die sich ihrer Unkenntnisse bewusst sind und bereit sind, sich weiterzubilden. Natürlich können Eltern sich Ärzt_innen suchen, die selber einer Minorität angehören und sensibilisiert sind für diese spezielle Fragestellungen. Es gibt sie, diese Ärzt_innen. Irgendwo. Wende Dich an Freund_innen und Bekannten nach Empfehlungen und Tipps. Vernetzt euch. Das ist das Stichwort.

Gewusst wie: Die Pflege der afrodeutschen Babyhaut

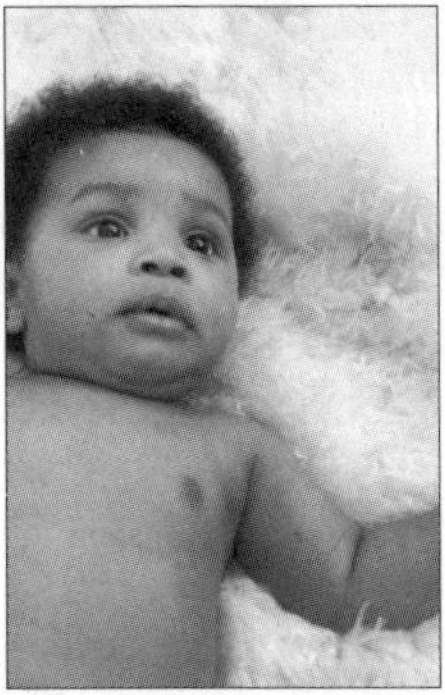

Was gibt es Schöneres und Zärtlicheres als Dein neugeborenes Kind zu halten, es ganz nah zu halten. Und mit ganzer Liebe den besonderen Duft dieses frischen, neugeborenen kleinen Menschenkindes einzuatmen. Dieser Duft und dieses tiefe Bedürfnis nach Nähe kennzeichnen den ersten Weg zu einer bedingungslosen, unendlich tiefen und weiten Liebe. Die Liebe zu Deinem Kind.

Liebe auf den ersten Blick

Dein Kind ist endlich da! Endlich kannst Du es in Deinen Armen halten und es in der Welt begrüßen.

Der erste Blick auf das Gesicht Deines Kindes mag möglicherweise zunächst irritierend für Dich sein: Die Hautfarbe Deines Kindes mag anders ausfallen, als Du es Dir vorgestellt hast. Und im Laufe der Zeit wirst Du feststellen, welch spannende Entwicklung Dein Kind durchläuft. Und keine Sorge das ist völlig normal. Egal wie sich Dein Kind verändert, es ist genau richtig, so wie es aussieht.

Einige Eltern reagieren trotzdem erschrocken darauf, wenn sie feststellen, dass ihr Kind unerwartet hellhäutig auf die Welt kommt. Eltern afrodeutscher Kinder müssen wissen, dass alle Kinder, unabhängig von ihrem ethnischen Hintergrund, mit einem hellen Hautton zur Welt kommen.

Was ist Melanin?
Melanin ist ein Hautpigment, dass für die Färbung der Haut, der Augen und der Haare zuständig ist. Je dunkler die Haut, desto mehr schützt das Melanin vor den zunehmend gefährlichen UV-Strahlen der Sonne.

Das ist zurückzuführen auf den fehlenden Kontakt der Babyhaut mit den UV-Strahlen des Sonnenlichts im Mutterleib. Mit der Geburt und dem beginnenden Kontakt setzt dann die Pigmentierung der Haut ein. Das Melanin der Haut legt sich ähnlich einer Schutzschicht über die Haut, um die gefährlichen UV-Strahlen der Sonne abzuhalten. Je dunkler die Haut, desto höher der natürliche Schutz der Haut.

Es ist völlig normal, wenn Dein Kind bei der Geburt einen helleren Hautton hat. Auch weiße Babys haben nach der Geburt einen helleren Hautton als später in ihrem Leben. Es kann Wochen bis Monate dauern, bis sich der spätere Hautton einstellt. Erste Zeichen für die spätere Hautfarbe liefern die Ohren, die von der Geburt an, den endgültigen Hautton aufweisen.

Aber Achtung: Auch die dünne, schwarze Babyhaut reagiert empfindlich auf die Sonne. Daher: vergiss niemals die Haut Deines Kindes mit Sonnenschutz einzucremen, denn auch die dunkelste Babyhaut verbrennt leicht.

Die trockene Babyhaut

Viele afrodeutsche Menschen neigen zur sensiblen und trockenen Haut. Die Haut erscheint schuppig und grau und kann dunkle Flecken aufweisen. Auch juckende und/oder gespannte Haut – vor allem nach dem Waschen, Baden und Duschen – kann ein Symptom für trockene Haut sein.

Die Babyhaut ist bis zu fünfmal dünner und empfindlicher als die erwachsene Haut. Wissenschaftler_innen gehen davon aus, dass sie im ersten Lebensjahr noch nicht fertig entwickelt ist und noch zu Trockenheit, Empfindlichkeit und Fettarmut neigen kann. Daher empfiehlt es sich, Dein Kind nicht zu lange zu baden, da das Wasser der empfindlichen Haut wichtige Körperöle entzieht.

Was nun? Einerseits möchtest Du die Haut Deines Kindes nicht zu sehr an Lotionen und Öle gewöhnen, damit die Haut lernt, wichtige Liposome, also Feuchtigkeit, selbst zu bilden. Gerade in den ersten Lebenswochen eines Babys genügt es, wenn Du die Haut Deines Kindes mit einem Tuch oder einem Schwamm und lauwarmem Wasser abreibst. Eventuell kann Du auch etwas Babyöl verwenden, aber meist ist das nicht nötig.

Andererseits soll die Baby- und Kinderhaut natürlich nicht unterversorgt werden. Gerade die empfindlichen Hautfalten müssen regelmäßig gereinigt und getrocknet und gegebenenfalls auch eingecremt werden, damit dort keine Entzündungen entstehen können.

Am besten beobachtest Du gut die Haut Deines Kindes und achtest gerade in der kalten Jahreszeit darauf, die Haut mit Körperölen, wie Babyöl oder Kokosöl, einzureiben. Je weniger Zusatzstoffe in der Lotion/ im Öl enthalten sind, desto besser.

Achte bei der Pflege Deines Kindes auf Folgendes:

- Verwende Lotionen und Öle ohne künstliche oder chemische Zutaten
- Die Cremes sollten frei von Alkohol und Parfüm sein, da diese die Haut reizen können und zusätzlich austrocknen
- Cremes mit Ceramide (eine Art Hautfett) spenden trockener Haut zusätzliche Feuchtigkeit
- Creme die Haut Deines Kindes sofort nach dem Baden oder Duschen ein, um die Feuchtigkeit des Wassers in der Haut einzuschließen.

Stellst Du fest, dass sich das Erscheinungsbild der Haut Deines Kindes nicht verbessert, so wende Dich am besten an eine Kinderärztin.

Leckerbissen für die Haut: Die richtige Hautpflege

Es ist nicht nötig, dem Badewasser etwas hinzufügen. Einige Eltern greifen jedoch gerne auf Badeessenzen zurück. Hier ist besonders darauf zu achten, die Produkte für Babys zu verwenden, da diese wenige Inhaltsstoffe enthalten und strengeren Qualitätskriterien unterliegen. Auch Öle wie beispielsweise Sonnenblumenöl eignen sich gut für das

Badewasser (einige Tropfen), denn sie ölen die Babyhaut gleich ein. Da Öle weniger Zusätze enthalten als Lotionen, empfiehlt es sich, auf diese zuzugreifen, ganz besonders bei sehr sensibler Babyhaut.

Afrodeutsche Babyhaut verhält sich ähnlich, nur neigt sie oft noch stärker zu Trockenheit. Das zeigt sich an grauen Stellen, an gröberer Oberflächenstruktur der Haut, an Schuppenbildung. Hier helfen Öle, wie Sonnenblumenöl, auch kaltgepresstes Olivenöl und vor allem Shea Butter, um die natürliche Fettschutzschicht der Haut wiederherzustellen.

Eine Ode an die (unraffinierte) Sheabutter:
In unraffinierter Form ist die Sheabutter ein wertvolles Pflegeprodukt für jede sensible Babyhaut, denn sie enthält viele Vitamine (insbesondere A und E) und weitere heilende Inhaltsstoffe. Sie legt sich wie ein Schutzfilm über die empfindliche Babyhaut und versorgt sie mit ihren wertvollen Inhaltsstoffen.

Afrodeutsche Kinderhaut und die Sonne

Schwarze Menschen und Eltern von afrodeutschen Kindern kennen sie, die leidige Frage nach dem Verhältnis der Haut zur Sonne. »Musst Du Dich im Sommer auch eincremen?«

Diese Frage ist insofern absurd, als Haut jeglicher Farbe auf die Sonne reagiert. Und auch Schwarze Haut dunkelt im Sommer nach und hellt sich im Winter aufgrund der geringen UV-Strahlen auf.

Die afrodeutsche Kinderhaut gilt es gerade im Hochsommer vor der intensiven UV-Strahlung zu schützen und das kleine Köpfchen mit einer Kopfbedeckung vor einem Hitzschlag. Achte darauf, einen Sonnenschutz mit hohem Lichtschutzfaktor auf die Haut aufzutragen. Trage den Sonnenschutz etwa 20 bis 30 Minuten, bevor Du mit Deinem Kind in die Sonne gehst, auf und achte auch darauf, Dein Kind nur kurze Zeit der direkten Sonneneinstrahlung auszusetzen.

Ein Sonnenbad trocknet die Haut Deines Kindes zusätzlich aus. Eine Feuchtigkeitscreme schützt die Haut vor dem Austrocknen.

Vitamin D:
In Deutschland wird allen Kindern im ersten Lebensjahr Vitamin D verschrieben. Vitamin D bildet sich natürlicherweise unter dem Einfluss von Sonnenlicht auf der Haut. In geringen Dosen kann es auch über die Nahrung (Ei, Hering, Aal, Thunfisch, Avocado) aufgenommen werden. Vitamin D stärkt das Immunsystem, die Knochen und die Muskulatur. Da insbesondere die Winter in nord- und mitteleuropäischen Breitengraden durch eine geringe Sonneneinstrahlung bzw. eine geringe Anzahl an Sonnenstunden geprägt sind, ist diese Zugabe erforderlich. Früher, vor der Verschreibung von Vitamin D für Babys und Kleinkinder, trat häufig ein Vitamin-D-Mangel in Form von Rachitis und einer deformierten Skelettstruktur auf.
Die Pigmentierung der Haut spielt für die Bildung von Vitamin D insofern eine wichtige Rolle, als eine starke Pigmentierung es für die Haut schwierig macht, aus dem geringen winterlichen Sonnenlicht Vitamin D zu bilden. Das Melanin, das zum Schutz der Haut dichter in der Hautoberfläche vorhanden ist (und es vor intensiver Sonneneinstrahlung und Verbrennung schützt), erschwert in diesem Fall die Bildung von Vitamin D. Daher spielt die Zugabe von Vitamin D vor allem für afrodeutsche Kinder eine große Rolle, und es empfiehlt sich insbesondere für im Winter geborene afrodeutsche Kinder, über den zweiten Winter hinaus noch Vitamin D zu verabreichen. Und falls Dir auffällt, dass Dein Kind in den Wintermonaten sehr viel an Erkältungen und Krankheiten leidet, so solltest Du mit der Kinderärztin besprechen, ob eventuell ein Vitamin-D-Mangel vorherrscht.

Empfehlenswerte Öle zur Pflege der Babyhaut

Bevor Du ein Öl auf die Haut Deines Kindes aufträgst, solltet Du einen Verträglichkeitstest machen. Am besten gibst Du einige Tropfen des gewünschten Öls auf ein Pflaster und klebst es über Nacht am Unterarm des Babys fest. Sollten sich am nächsten Morgen Hautirritationen (die meist harmlos sind) zeigen, so wechsele das Öl und teste auch das neue, bevor Du es verwendest. Zur sicheren Abklärung wende Dich an Deine Kinderärztin. Da Babyprodukte einer hohen Qualitätsprüfung unterliegen, kann zumeist darauf vertraut werden, dass darin kaum belastende Zusatzstoffe zu finden sind.

Kokosnussöl: Reines, naturbelassenes (unraffiniertes) Kokosöl eignet sich ideal für die Hautpflege. Auch zur Pflege des besonders sensiblen Windelbereichs. Kokosöl enthält Laurin-, Caprin- und Carpylsäure. Das sind Fettsäuren, die eine antimykotische (gegen Pilze wirkende), antibakterielle und eine antivirale Wirkung auf die Haut haben. Damit stärkt das Öl das Immunsystem und liefert optimale Feuchtigkeit für trockene und spröde Haut. Infektiöse und zu Exzembildung neigende, vernarbte Haut wird im Heilungsprozess unterstützt. Gerade für empfindliche und zu Neurodermitis neigende Haut eignet sich Kokosöl also besonders.

Sonnenblumenöl: Vor allem kaltgepresstes und natives Sonnenblumenöl mit hohem Anteil an Linolsäure empfiehlt sich für die Hautpflege. Kalt gepresstes und natives Sonnenblumenöl ist erkennbar am leicht nach Sonnenblumenkernen riechenden Duft. Das Öl enthält viele ungesättigte Fettsäuren und hat einen hohen Vitamingehalt, sodass die Haut mit reichlich Nährstoffen versorgt wird und die Abwehrkräfte der Haut gestärkt werden. Auch bei der Pflege der Babyhaut mit Sonnenblumenöl sollte vor der ersten Anwendung ein Verträglichkeitstest gemacht werden, da Sonnenblumenöl explizit in der Kritik steht, den Aufbau der Hautbarriere zu hemmen. Wie bei allen Ölen, so gilt auch hier, wähle im Zweifel immer die Biovariante, um ganz sicher zu sein, ein unverfälschtes und hochwertiges Produkt zu erhalten.

Olivenöl: Viele Eltern schwören auf die Verwendung von Olivenöl zur Pflege der Babyhaut. Als Zusatz im Badewasser oder für die Babymassage. Olivenöl hat einen geringen Anteil an Linolsäure (eine fetthaltige Säure, die die Hautbarriere der Haut stärkt) und einen hohen Anteil an Ölsäure (eine Fettsäure, die die Aufnahmefähigkeit der Haut für Öl und Wasser verbessert). Jedoch kann diese Ölsäure auch den Feuchtigkeitsverlust beschleunigen und das kann insbesondere bei empfindlicher oder zu Neurodermitis neigender Haut schädlich sein. Daher empfiehlt es sich, Olivenöl nur anzuwenden, wenn Du und Deine Familie nicht zu allzu empfindlicher Haut neigt, denn es könnte die Babyhaut trockener macht. Am besten machst Du einen Verträglichkeitstest und probierst es an einer kleinen Stelle der Babyhaut aus.

Sheabutter: die wertvolle Sheabutter wird aus der Frucht (Sheanüsse) des Karitébaumes gewonnen. Gerade auf dem afrikanischen Kontinent, insbesondere in Westafrika, wird die Sheabutter seit jeher in Form von Cremes zur Hautpflege verwendet. Die Butter in unraffinierter (naturbelassener) Form ist etwas gelblich und hat zunächst einen gewöhnungsbedürftigen Geruch, der jedoch schnell verfliegt. Unraffiniert ist die Sheabutter bis zu vier Jahre haltbar. Oftmals ist sie in raffinierter Form (oft mit Zusätzen wie Parfum, Aromastoffen usw.), erhältlich, die leicht an der schneeweißen Farbe zu erkennen und vor allem für den Export bestimmt ist. In raffinierter Form sind jedoch viele der heilenden Inhaltsstoffe nicht mehr enthalten, zudem können die beigefügten Zusätze zu Hautirritationen führen. Daher empfiehlt sich vor allem die unraffinierte Form für die Baby- und Hautpflege.

Kleine Wunder der Natur: Sommersprossen, Muttermale und Leberflecken

Die Natur erlaubt sich dann und wann kleine Scherze und verziert die Haut einiger Menschen mit den kleinen Besonderheiten, die je nach Farbe, Größe oder Kontur Sommersprossen, Leberflecke oder Muttermale genannt werden. Auch die Haut Deines afrodeutschen Kindes kann diese kleinen Wunder nachweisen. Küsse sie, benenne sie und zeige Deinem Kind, wie schön sie sind.

Auch Sommersprossen, Muttermale und Leberflecke, kleine Neckereien der Natur, sind dem Farbpigment Melanin geschuldet.

Sommersprossen: Entgegen vieler Annahmen haben nicht nur weiße Menschen Sommersprossen, denn natürlich können alle Menschen Sommersprossen bekommen. Die Sommersprossen sind kleine Pigmentablagerungen, die im Gesicht und am Körper als kleine Pünktchen oder Flecken erscheinen. Sonnenlicht kann zu einer Vermehrung der Sommersprossen führen. Sommersprossen entstehen, wenn das Sonnenlicht auf die Hautoberfläche trifft und dabei bestimmte Körperzellen, die Melanozythen, Melanin freisetzen. Das passiert bei allen Menschen. Bei Menschen mit Sommersprossen läuft die Freisetzung nicht gleichmäßig, sodass sie als Flecken im Gesicht oder am Körper sichtbar werden. Jede Sommersprosse ist einzigartig und unvergleichlich. Eltern sollten jedoch daran denken, dass Menschen mit Sommersprossen zu empfindlicher Haut neigen. Daher muss beim Sonnenbad auf einen ausreichenden Sonnenschutz geachtet werden.

Leberflecke und Muttermale: Leberflecke und Muttermale sind pigmentierte Wucherungen der Haut. Meist handelt es sich um gutartige Wucherungen, die als Flecken oder Knötchen auf der Haut erscheinen. Die Farbe kann von einem hellem Braunton bis fast hin zu Schwarz variieren. Auch Leberflecke gehören in die Kategorien der Muttermale. Als kleine, meist bräunliche Knötchen im Gesicht werden sie häufig auch ›Schönheitsflecken‹ genannt. Muttermale müssen prinzipiell immer genau beobachtet werden. Verändert sich ihre Größe oder Struktur, dann muss das sofort mit einer Kinderärztin abgeklärt werden. Umgangssprachlich wird häufig kein Unterschied zwischen Leberflecke und Muttermalen gemacht. Einige sprechen jedoch von angeborenen Muttermalen und erworbenen Leberflecken.

Der Steißfleck: Der Steißfleck beschreibt einen kleineren (erbsengroßen) bis größeren bläulichen Fleck, der sich zumeist auf dem Rücken oder auf dem Hintern befindet. Dabei handelt es sich um eine partielle Pigmentanreicherung unter der Haut. Dieser Steißfleck kann optisch stark an verblassende Blutergüsse erinnern. Keine Angst, sie tun dem Baby nicht weh und verschwinden in den ersten Wochen und Monaten. Solltest Du Dir unsicher sein, ob es sich tatsächlich um einen Steißfleck handelt, dann sprich am besten noch einmal mit Deiner Kinderärztin.

Wie heißt Du?
Tiago Kaya Mulindwa

Wo wohnst Du?
Ich bin in Berlin geboren und wohne gerade in Mannheim, aber habe auch noch ein zu Hause in Kampala, Izmir und London.

Wo leben Deine Familien?
An vielen verschiedenen Orten in Europa, der Türkei und in Uganda.

Welche Sprachen sprecht ihr zuhause?
Englisch, Türkisch, Luganda und Deutsch.

Das ›afrodeutsche Haar‹

Take the kinks out of your mind instead of your hair.
(Entferne die Knoten aus Deiner Denkweise, statt aus Deinen Haaren)

Marcus Gavey

Das ›afrodeutsche Haar‹? Gibt es das? Natürlich nicht. ›Afrodeutsche Haare‹ sind so unterschiedlich wie Haare eben sind. Einige Kinder kommen mit nahezu glatten Haaren zur Welt, andere haben leicht gewelltes Haar, wiederum andere haben winzig kleine Locken, die gemeinhin als ›Krause‹, im englischsprachigen Raum auch als ›kinky hair‹ oder ›frizzy hair‹ bezeichnet werden. In diesem Buch bezeichne ich diesen speziellen Haartyp, als ›afro-gelockt‹, da die Bezeichnung ›kraus‹, mit der das Haar von afrikanischen und Schwarzen Menschen seit jeher bezeichnet wird, negativ konnotiert ist. ›Kraus‹ wurde und wird als wild und unbändig verstanden und zum Sinnbild einer vorgeblich ebensolchen afrikanischen Mentalität. Diese negativen Konnotationen haben natürlich nichts mit diesem Haartyp zu tun.

Das ›afrodeutsche‹ Haar kann eine nahezu glatte bis hin zu einer stark gelockten, afro-gelockten, Textur haben. Je nach Beschaffenheit des Haares muss bei der Behandlung auf eine unterschiedliche Handhabung geachtet werden. Grundsätzlich gilt: lockige Haare erfordern eine deutlich intensivere Pflege als glattes Haar.

Eine Liebeserklärung an das eigene Haar

Die frühesten Erinnerungen an meine Kindheit beschäftigten sich mit meinem Haar. Mein Haar war kurz, dicht und afro-gelockt. Es durchzukämmen, war sowohl für meine weiße Mutter als auch für mich eine einzige Tortur. Wir quälten uns also durch die europäische Idee von 100 Bürstenstrichen für das schöne Haar, bis meine Mutter irgendwann genug davon hatte und aufgab. Sie wusste es einfach nicht besser und wollte weder sich noch mich dieser wöchentlichen Tortur aussetzen, die für beide Seiten traumatisierend und schmerzhaft war. Die Haare meiner Schwester wie auch meine eigenen wurden also geschnitten und von nun an trugen wir eine Kurzhaarfrisur, die von einigen Millimetern bis hin zu maximal fünf Zentimetern reichte. Zwei Mädchen mit kurzen Haaren. Das wäre in einer Gesellschaft, die Schönheit nicht an die Länge des Haares knüpft, kein Problem gewesen. Jedoch wuchs ich mit dem weiblichen Schönheitsideal des langhaarigen Mädchens auf. Jeder kann sich vorstellen, wie sehr ich mich nach langen Haaren verzehrte. In Träumen phantasierte ich von den Heldinnen in den Kinderbüchern oder Kinderfilmen. Sie alle besaßen lange Haare, waren langhaarige Prinzessinnen. Ich träumte von Haaren, die im Wind flatterten, die hinter das Ohr gestrichen werden konnten und ja, jeder Disneyfilm, jedes Musikvideo, jede Zeitschrift schrie geradezu: lang muss das Haar eines schönen Mädchens sein. Lang, lang, lang!

Und dann kam der Tag, an dem sich mein Leben für immer veränderte. Meine Schwester, die mit einem afroamerikanischen Mann verheiratet war, kehrte aus den USA zurück und brachte eine ganze Schatztruhe voll Wissen zur schwarzen Haarkunst mit. Zum ersten Mal eröffnete sich mir eine neue Welt voller Möglichkeiten. In langen Zöpfen wurde ich zu einer neuen Person mit neuem Selbstbewusstsein. Lange Haare, kurze Haare, glatte Haare oder lockige Haare, Twists (gezwirbelte Zöpfe) oder geflochtene Zöpfe, dicke oder dünne Zöpfe, am Kopf entlang geflochtene Kunstwerke (Cornrows) oder doch ganz natürlich offen und stolz (Afro). In kleinen Schritten eroberte ich diese neue Welt. Jede neue Frisur bestätigte nur, wie vielseitig und flexibel diese wunderbaren Haare sind.

Achtung Exotismusfalle:
»Darf ich Deine Haare anfassen?« Jeder, der afrodeutsche Kinder hat, sah sich schon des Öfteren mit dieser Art Frage konfrontiert. So oder so ähnlich wird sie an die Eltern, zumeist jedoch an die Kinder gestellt. Und nicht nur fremde Menschen lassen sich zu einer so unfassbaren Frage verleiten, nein, auch Verwandte und Bekannte. Am besten ignorierst Du diese Frage und schaust, dass Du mit Deinem Kind schnell wegkommst. Denn oftmals wird diese Frage von folgender Handlung begleitet: Ohne eine Antwort abzuwarten, befindet sich die fremde Hand ungefragt in den Haaren des Kindes, alles nur, um die eigene Neugierde zu befriedigen. Dass das ein absolutes No-Go ist, ist selbstverständlich. Ein klares ›Nein‹ sollte schon von Anfang an kommuniziert werden. Denn es geht hier nicht um Dich und Deine Intimsphäre, sondern um die Deines Kindes. Dein Kind ist kein Versuchsobjekt und es muss (leider) früh lernen, sich gegen aufdringliche Menschen und die Neugierde an seiner Person zur Wehr zu setzen.

Und momentan trage ich Loc(k)s, gemeinhin als Dreadlocks bekannt. Und stelle immer noch erschreckend fest, wie viel Arbeit es erfordert, sich das Wissen um die eigenen Haare anzueignen. Denn dieses Wissen befindet sich an vielen verschiedenen Orten: im Internet, in sehr wenigen Büchern, aber vor allem in den Erfahrungen der vielen wunderbaren Frauen und Männer, die mir begegnet sind und mich an ihrem persönlichen Wissen Anteil haben ließen und lassen. Auch ich bin noch längst keine Expertin im Umgang mit meinem eigenen Haar und immer wieder entdecke ich, welche Möglichkeiten mir dieses Wunderhaar bietet. An diesem vergangenen Tag in meiner Jugend, dem Tag, als ich zum ersten Mal das Potenzial meines Haares erkannte, begann der lange Weg zu mir selbst und zur Liebe für mein Haar.

Die Haarpflege

In diesem Kapitel geht es um das Wunderhaar Deines Kindes. Viele Eltern, insbesondere weiße Eltern, sind ratlos und wissen nicht, was sie mit dem Haar ihres Kindes machen sollen. Einfach weiterwachsen lassen? Es kurzschneiden? Es glätten? Oder doch den täglichen Kampf des Haarekämmens mit dem Kind auf sich nehmen?

Das ›afrodeutsche‹ Haar Deines Kindes neigt zu Trockenheit. Ein Grund dafür liegt darin, dass das von der Kopfhaut produzierte Fett, anders als bei glattem Haar, nur schwerlich durch die Locken bis in die Spitzen der Haare transportiert werden kann. Je größer die Locken sind, desto einfacher der Transport, je kleiner und enger die Locken, desto schwieriger der Transport und desto trockener und spröder die Haare, insbesondere die Haarspitzen.

Im Folgenden lernst Du den Umgang mit dem Haar Deines Kindes. Wie pflege ich das Haar, damit es gesund ist und bleibt? Welche Pflegeprodukte kann ich verwenden und woher bekomme ich sie? Wie wasche und kämme ich die Haare, ohne dem Kind Schmerzen zu bereiten? Welche Frisuren schwarzer Haarkunst gibt es, wie heißen sie und wie kann ich sie nachmachen?

Hände weg von Produkten, die diese Zutaten enthalten, denn sie stehen im Verdacht, die Haut und die Haare zu reizen und krebsfördernd zu sein:
Erdöl/Petrol Oil, Petroleum, Petrolatum, Paraffin, Sodium Laureth (auch Lauryl) Sulfate.

Die wichtigsten Zutaten für das Haar

Das richtige Pflegemittel ist das A und O für gesundes Haar. Sehr häufig wissen Menschen mit afro-gelockten Haaren nicht, welche Pflegeprodukte sie verwenden sollen oder bei wem sie Rat in Bezug auf ihr Haar suchen und finden können. Nicht selten stellen sie fest, dass die üblichen Haarwaschmittel und Spülungen, selbst wenn sie für trockene Haare bestimmt sind, die Haare nur noch spröder und trockener machen. Der gewünschte Effekt, dem Haar zusätzliche Feuchtigkeit und Elastizität zu geben, bleibt aus.

Eltern, die auf der Suche nach den richtigen Produkten für ihr eigenes Haar oder für das Haar ihres Kindes sind, sollten einen Blick in die Afroshops werfen, die überall in den mittelgroßen und größeren Städten in Deutschland zu finden sind. Afroshops sind ein guter erster Anlaufpunkt, um Informationen über die Haarpflege zu erhalten. Sie sind zumeist eine Mischung aus Lebensmittelgeschäft, Drogerie, Geldtransfer-Stube und Begegnungsstätte. Zusätzlich bieten viele Afroshops auch Friseurdienste an. Am besten wendest Du Dich an die Verkäuferinnen und Verkäufer dieser Läden. Sie sind wahre Tausendsassas, die nicht nur wertvolle Hilfe bei offenen Fragen bieten, sondern oftmals auch als Friseur_innen und Kosmetik-Berater_innen tätig sind.

Achte beim Kauf von Pflegeprodukten darauf, Produkte zu erwerben, die möglichst unbelastet von Schadstoffen und chemischen Zusatzstoffen sind (siehe Schautafel). Viele Produkte, die Du in den Drogerien oder Afroshops erwerben kannst, enthalten leider sehr viele chemische Inhalts- und Duftstoffe. Auf den ersten Blick scheinen diese Produkte genau richtig zu sein. Doch haben sie auf den zweiten Blick kaum eine regenerierende oder strukturstärkende Wirkung auf das Haar, sondern trocknen es schlimmstenfalls nur noch weiter aus. Achte vor allem darauf, Produkte zu verwenden, die auf biologischer Basis hergestellt sind. Da viele Produkte, die Du in den Afroshops findest, aus England oder den USA stammen, findest Du Produkte auf biologischer Basis unter der Bezeichnung ›organic‹. Diese Produkte enthalten ausschließlich natürliche pflanzliche Öle und Inhaltsstoffe, die das Haar von innen heraus pflegen, aufbauen und versiegeln.

Es lohnt sich auch, auf der Suche nach einem geeignetem Pflegemittel einen Blick in die Küche zu werfen. Als guter Leitsatz zur Wahl des richtigen Öls gilt: Alles, was Deinem Körper gut tut, tut auch Deinem Haar gut. Olivenöl, Sonnenblumenöl oder Kokosnussöl schmecken nicht nur gut im Essen, sondern eigenen sich auch hervorragend zur Pflege der Haare. Diese natürlichen Öle geben Feuchtigkeit und Elastizität an das Haar zurück, da sie dem Eigenfett der Haut und Haare ähnlicher sind als synthetische Öle (bspw. Öle auf Mineralölbasis) und daher leichter von den Haarzellen aufgenommen werden können. Achte am besten darauf, die etwas teurere und qualitativ hochwertigere Biovariante zu nehmen, um Dir oder Deinem Kind ein möglichst reines und mit wertvollen Inhaltsstoffen reich gesättigtes Öl zuzuführen.

Auch bei den Shampoos und Spülungen orientierst Du Dich am besten daran, möglichst jene Varianten zu kaufen, die auf natürlicher Basis hergestellt sind. Denn die darin enthaltenen Öle pflegen das Haar und geben dem Haar beim Waschen die fehlende Feuchtigkeit zurück.

Der Afrokamm

Dieser gabelförmige Kamm unterscheidet sich von anderen Kämmen durch die langen, auseinanderstehenden Zinken, die durch die engen, kleinen Locken bis zur Kopfhaut reichen. Der Einsatz eines Kammes ist immer problematisch, da er das Brechen der Haare kaum verhindert. Viele Menschen mit Locken vermeiden daher den Einsatz eines Kammes komplett. Sie benutzen ihre Finger, um ihre Haare in Ordnung zu bringen. Wer auf einen Kamm nicht verzichten will, sollte sich unbedingt einen Afrokamm besorgen. Und die Haare immer gut anfeuchten, bevor sie gekämmt werden.

Apfelessig

Apfelessig gilt als Geheimtipp für schönes Haar. Die Säure wirkt bindend auf lose Haarschuppen und verleiht dem Haar eine glatte Oberfläche. Dadurch wirkt das Haar glänzend und gesund. Anwendung: Nach der Haarwäsche eine Spülung aus Wasser und Apfelessig anfertigen. Hierfür auf ein Liter Wasser 2-3 Esslöffel Apfelessig geben und diese Spülung über das Haar gießen. Keine Angst: Der strenge Essiggeruch verfliegt, sobald das Haar trocknet. Wahlweise kann das Haar danach ausgewaschen werden. Die Kur beugt bei regelmäßiger Anwendung Spliss und Haarbruch vor.

Die Haarspülung

Einige Menschen behaupten, dass die Haarspülung wichtiger als ein Haarshampoo sei. Sie verzichten sogar komplett auf das Haarshampoo und rümpfen angesichts der Nebeneffekte, z.B. dem Austrocknen der Haare, die Nase. Sie verwenden stattdessen die Methode des Conditioner-Washing, kurz Co-Washing. Dabei ersetzt die Spülung das Shampoo komplett. Anwendung: Nimm ein wenig Conditioner, trage es auf und lasse es einwirken. Achte darauf eine Spülung zu nehmen, die natürliche Zusätze –, wie Öle – und möglichst keine Silicone, Mineralöle und Parabene enthält.

Kokosnussöl

Kokosnussöl ist wirklich ein Multitalent. Sowohl zum Kochen als auch zur Haut- und Haarpflege eignet sich dieses Öl hervorragend. Es ist reich an gesättigten Fettsäuren und hat eine feuchtigkeitsspendende Wirkung. Massiere vor der Haarwäsche eine dünne Schicht Kokosöl in die Kopfhaut und Haar, lass das Kokosöl einige Minuten einwirken und wasche dann das Haar wie gewohnt. Es wird weich und glänzend. Zusätzlich verhindert Kokosnussöl die Bildung von Schuppen. Für eine Haarkur ist Kokosöl besonders geeignet, da es das Haar kräftigt und Proteinverlust ausgleicht.

Olivenöl

Olivenöl, genauer noch: extra natives, also ein besonders naturbelassenes Olivenöl, schmeckt nicht nur im Salat großartig, nein, es eignet sich auch wunderbar zur Pflege der Haare. Das Öl enthält neben dem wichtigen auch für den Haarwuchs verantwortlichen Vitamin E, auch wichtige Antioxidanten, die zu einem schnellen Ende bei Haarverlust führen. Beim Einmassieren in die Kopfhaut oder ins spröde und trockene Haar dringt das Olivenöl tief in die Haarstruktur ein und spendet wertvolle Feuchtigkeit. Durch die Reichhaltigkeit des Öls, werden Haarschäden abgewendet. Olivenöl hat eine heilende Wirkung für entzündete Kopfhaut.

Rizinusöl

Rizinusöl, auch Castor Oil, ist ein klares, nahezu farbloses, dickflüssiges Öl. Das Öl eignet sich zur Haarpflege von gesundem, aber vor allem trockenem und sprödem Haar. Rizinusöl verbessert die Blutzirkulation der Kopfhaut, kräftigt die Haarwurzel, verbessert die Haarstruktur und wirkt somit dem Haarverlust entgegen. Das Öl bindet Feuchtigkeit, eine wichtige Funktion gerade für sprödes und trockenes Haar. Das Öl beschleunigt den Haarwuchs und sorgt für gesundes, kräftiges Haar.

Wasserspray

Ein Wasserspray kann schnell der Tortur des Haarekämmens ein Ende setzen. Ein wenig Wasser kommt in die Sprühflasche hinein und nach Bedarf wird ein wenig auf das Haar gesprüht. Das Kämmen wird dadurch weniger schmerzhaft, denn Haarknoten lösen sich so sehr viel leichter. Zusätzlich schützt es die Haare, weil sie nicht unnötig gezerrt oder gerissen werden. Zur Pflege kann das Wasser auch mit Aloe-Vera-Saft angereichert werden. Darauf kommt noch ein wenig Öl und schon wird die Feuchtigkeit in das Haar eingebunden.

Sheabutter

Shea Butter ist ein echtes Wundermittel. Die Butter wird aus dem Karité-Baum im westafrikanischen Raum gewonnen und wirkt als natürliches Öl wahre Wunder für Haut und Haare. Schon seit Längerem ist Sheabutter auch hierzulande für ihre hautpflegenden und heilenden Eigenschaften bekannt. Sheabutter enthält Provitamin E, ungesättigte Fettsäure und viele weitere, wertvolle Inhaltsstoffe, die Haut und Haar mit einer wichtigen Schutzschicht umhüllen und sie mit allem, was sie brauchen, versorgt. Das Haar wird geschmeidig und bleibt gesund.

Haarshampoo

Prinzipiell gilt: je weniger Shampoo desto besser. Am besten verwendest Du überhaupt kein Shampoo oder verdünnst das Shampoo mit Wasser. Wenn Du dennoch Shampoo benutzen möchtest, dann eignen sich Haarshampoos, die eine feuchtigkeitsspendende und regenerierende Wirkung haben. Achte auf sulfatfreie (Sodium Laureth Sulfate oder Sodium Lauryl Sulfate) Haarshampoos. Keine Angst, die gibt es schon recht günstig in jeder Drogerie. Sulfate erzeugen den reinigenden Schaum, der gleichzeitig jedoch die Oberflächenstruktur der Haare angreift und ihr wichtige Feuchtigkeit und Fette entzieht. Das Ergebnis: verknotetes und stumpfes Haar.

Die Grundregeln der Haarpflege

Die meisten Menschen assoziieren mit stark lockigem Haar eine volle Mähne. Die üppigen Locken verleihen dem Haarschopf ein großes Volumen und täuschen über die Sensibilität der Haare hinweg. Denn die Haare sind oftmals dünner und sensibler als ›europäische‹ Haare. Zudem verschlingen sich die Locken gerne ineinander. Das können Eltern bestätigen, die eine ähnliche Haarstruktur haben. Das Kämmen kann sehr schmerzhaft für sie selbst und ihr Kind sein. Daher sind im Umgang mit afro-gelockten Haaren folgende Umgangsregeln zu beachten:

1. Lerne die Haarkunst Schwarzer Haare!
2. Freunde Dich mit den richtigen Pflegeprodukten an!
3. Besorge Dir den richtigen Kamm bzw. die richtige Bürste!
4. Öle sind nicht nur zum Essen da. Verwende sie als ideale und zumeist günstige Alternativen zur Pflege des Haares!
5. Wasche das Haar Deines Kindes nicht zu häufig!
6. Kämme die Haare Deines Kindes nicht zu häufig!
7. Freunde Dich mit haarschützenden Frisuren an!
8. Liebe das Haar und erziehe Dein Kind dazu, es Dir nachzutun!
9. Verwende nie negative Begriffe, um die Haare Deines Kindes zu beschreiben!

Haare waschen ohne Tränen

Vergiss nicht, dass dieser Haartyp besonders trocken und dicht ist. Shampoos trocknen die Haare noch stärker aus. Damit dies nicht geschieht, sollten sie nicht zu häufig gewaschen werden. Es genügt, sie einmal pro Woche zu waschen. Viele Menschen mit afro-gelocktem Haar entscheiden sich daher für eine Methode, die sich Conditioner Washing, kurz Co-Washing (mit der Spülung waschen) nennt. Dabei verzichtest Du völlig auf das Shampoonieren der Haare und benutzt stattdessen eine feuchtigkeitsspendende Spülung. Diese lässt Du einige Minuten einziehen und wäschst sie dann aus.

Co-Washing ist eine effektive und schonende Art, Haare zu waschen

Diese Methode eignet sich gut zur Behandlung von trockenen, spröden afro-gelockten Haaren, denn sie gibt dem Haar wertvolle Feuchtigkeit zurück. Während konventionelle Shampoos dem feuchtigkeitsarmen Haar zusätzlich wertvolle Feuchtigkeit entziehen, gibt eine feuchtigkeitsspendende Spülung diese an das Haar zurück. Spülungen können jedoch bei zu häufiger Nutzung das Haar belasten und bei einer Überdosierung auch zu einer Härtung des Haars führen und es dadurch brüchig machen. Achte daher darauf, dass das Haar nicht zu häufig gewaschen wird. Und achte auf eine hochwertige, mit natürlichen Inhaltsstoffen angereicherte Spülung.

Die zehn Goldenen Regeln der Haarwäsche

1. Wasche das Haar Deines Kindes nicht zu häufig. Zu häufiges Haarewaschen führt zum Austrocknen der Haare, dieses kann zum Haarbruch führen.
2. Wenn Du das Haar mit Shampoo waschen möchtest, dann achte auf ein feuchtigkeitsspendendes und regenerierendes Shampoo. Am besten verdünnst Du das Shampoo zusätzlich im Verhältnis 3:1 mit Wasser. Das genügt, um das Haar zu säubern, und trocknet die Haare nicht zu sehr aus.
3. Schau Dir die Co-Washing-Methode an und probiere sie aus.
4. Wenn das Shampoo bzw. die Spülung im Haar ist, ist der Moment des Kämmens gekommen. Die Haare lassen sich jetzt besonders leicht kämmen und von Knoten befreien, da das Shampoo oder die Spülung sich wie eine schützende Schicht um das Haar legt und sie geschmeidiger macht. Die Haare können nun ganz ohne Geschrei und (beinahe) ohne Tränen gekämmt werden.
5. Zum Kämmen verwende am besten einen Kamm. Je kleiner die Locken desto gröber sollten die Zähne des Kamms sein. Als sehr nützlich hat sich der mittlerweile recht weit

verbreitete Afrokamm herausgestellt, ein Kamm mit großen Zähnen und ebensolchen Zwischenräumen. Dadurch reichen die Zähne des Kamms bis tief in die Locken oder sogar bis zur Kopfhaut. Dieser Kamm eignet sich gut für das Kämmen von lockigem bis stark lockigem, afro-gelocktem, Haar. Es gibt jedoch einige Frauen und Männer, die dem Kämmen ganz abgeschworen haben und stattdessen nur ihre Finger zum Entwirren und Stylen ihrer Locken nutzen. Das ist sicherlich die schonendste Methode.

6. Zur Vorgehensweise beim Kämmen: Teile das Haupthaar in kleine Partien. Fange jeweils an der Spitze der Haare an und arbeite Dich langsam bis zum Haaransatz vor. Versuche vorhandene Knoten ganz langsam aufzulösen. Auch wenn die Haare im nassen Zustand geschmeidiger sind, bedeutet das nicht, dass sie nicht trotzdem reißen und brechen, wenn an ihnen gezogen wird.
7. Lasse nun das Wasser über das gekämmte Haar laufen, bis das Shampoo/die Spülung vollständig aus dem Haar entfernt ist. Achte darauf, die Haare dabei nicht zu kräftig zu wuscheln, damit sich keine neuen Knoten bilden.
8. Lasse die Haare nun am besten lufttrocknen. Trockenföhnen trocknet die Haare nur unnötig aus und sollte daher nicht zu häufig geschehen. Sollte Dein Kind längere Haare haben, dann flechte die Haare am besten zu zwei oder mehreren Zöpfen, auch am Kopf entlang (Cornrows), und lasse sie in diesem Zustand lufttrocknen. Durch diese Methode werden die Haare zum einen vor der Bildung neuer Knoten geschützt, als auch in die Länge gezogen. Dadurch lassen sich die Haare später leichter frisieren.
9. Öffne die Zöpfe im getrockneten Zustand und bringe die Haare mit den Fingern in Form. Du wirst feststellen, dass die Haare nun sehr viel länger geworden sind, weil sie in die Länge gezogen wurden. Ein erneutes Kämmen erübrigt sich. Falls Du trotzdem die Haare kämmen möchtest, benutze Deine Finger dafür. Oder nimm einen Leave-In-

Conditioner, der das Haar mit einer schützenden Schicht umhüllt, bevor Du das Haar kämmst.

10. Sollten sich die Haare trocken anfühlen, kannst Du mit einem Wasserspray ein wenig Wasser auf die Haare sprühen. Versiegele die Feuchtigkeit mit ein wenig Pflegeöl wie beispielsweise Kokosnussöl oder Rizinusöl. Achtung! Verwende nicht zu viel Öl. Eine Überdosierung führt dazu, dass sich Staub und Flusen auf Deinem Haar absetzen. Massiere vor allem die Kopfhaut mit dem Pflegeöl.

Am allerwichtigsten: Betone immer und immer wieder die Schönheit des Haares Deines Kindes!

Mein Haar wächst nicht ...

Jeder, der diesen Haartypus hat, kennt die Frustration, die mit der Zeit aufkommt. Die Zeit vergeht und die Haare scheinen einfach nicht zu wachsen. Vor allem kleine Mädchen, aber auch kleine Jungs und erwachsene Männer und Frauen kennen das Gefühl des scheinbar nicht länger werdenden Haares.

Selbstverständlich ist das nur eine Täuschung und die Haare wachsen wie bei jedem anderen auch. Doch es fällt nicht auf, weil sie sich bei jedem gewonnenen Millimeter und Zentimeter nur noch stärker zusammenziehen. Wie ein Schutzhelm bedecken die Haare den Kopf und schützen ihn vor Überhitzung. Und die wirkliche Länge des Haares offenbart sich meist nur im nassen Zustand. Für genau diese Eigenschaft erntet dieser Haartyp jedoch häufig wenig Liebe. Doch Du solltest nicht vergessen, dass gerade diese Haarstruktur, wie kaum ein anderer Haartyp, vielfältigen und wunderbare Gestaltungsmöglichkeiten bietet. Der Einsatz von Haarmitteln wie Gel, Haarspray oder Haarklammern ist kaum nötig, um wahre Kunstwerke zu erzeugen. Bemühe Dich, Deinem Kind diese Vorteile zu vermitteln. Zeige ihm, dass Prinzen und Prinzessinnen durchaus aussehen können wie es selbst. Mit wallenden lange Zöpfen, einem stolzen Afro und vielen anderen Haarstyles.

Frisuren

Nun weißt Du, wie Du das Haar Deines Kindes (beinahe) schmerzfrei wäschst und kämmst. In den folgenden Abschnitten werden einfache (Grund-)Frisuren vorgestellt und Du erfährst, wie sie heißen.

Viele Kinder wünschen sich viele unterschiedliche Frisuren. Einmal sollen sie geflochten werden, ein anderes Mal dicht an der Kopfhaut entlanggeflochten, als Cornrows. Oder doch mal ganz frei und stolz?

Der Afro

Kaum eine Frisur wird so sehr mit dem Schwarzsein verknüpft wie der Afro. Gewöhnlich wird damit das dichte, gelockte bis afro-gelockte Haar bezeichnet, das frei in die Höhe wächst und seit der Bürgerrechtsbewegung in den USA oder den Unabhängigkeitsbewegungen auf dem afrikanischen Kontinent als Schwarzes Schönheits- und Freiheitssymbol gilt. Dieses neue Schönheitsideal fand auch weite Verbreitung durch große Künstler_innen wie die Jackson 5, Jimi Hendrix und Diana Ross. Untermalt von James Brown stolzem Aufruf »Say it loud, I'm black and proud«, wurden alle Schwarzen Menschen der Welt aufgefordert, sich und ihr Schwarzsein zu lieben. Ihre Haut, ihre Haare, ihre Gesichtszüge. Ihre Geschichte. Ihr Kampf. Alles.

Und so gelingt Dir der stolze Afro am besten: Verwende bei kurzem Haar eine Bürste mit kurzen dichten Borsten aus dem Afroshop und bürste Dein Haar aus. Viele nehmen an, damit hätte es sich schon, doch damit täuschen sie sich. Haare wachsen auf dem Kopf in unterschiedlicher Schnelligkeit. Gute Haarstylist_innen und Frisör_innen betonen immer wieder, dass ein reiner Wildwuchs keine Frisur ist. Auch der Afro muss gepflegt werden, indem er immer wieder in Form gebracht wird und auf eine Länge gestutzt wird. Auch die Ränder müssen glatt geschnitten werden, damit diese Frisur schön, stolz und gepflegt aussieht.

Gerade bei Babys ist der Afro, die erste Frisur. Solange die Haare kurz sind, genügt es, sie dann und wann mit der Bürste in Form zu bringen. Aber Achtung! Die hier üblichen Babybürsten funktionieren nur bei Babys mit tendenziell wenigen, feinen Haaren. Es gibt viele afrodeutsche Babys, die mit einer vollen Haarmähne zur Welt kommen. Für diesen Haarschopf funktionieren die Bürsten mit festeren Borsten, die es in den Afroshops gibt, wesentlich besser. Nur musst Du bedenken, diese nicht zu fest auf die Kopfhaut zu drücken, da der Babyschädel noch nicht komplett verschlossen ist und das Gehirn nur durch die Kopfhaut geschützt wird.

Afro-Wölkchen

Afro-Wölkchen sind praktisch die ersten Frisuren, die Du bereits bei Babys und Kleinkindern umsetzen kannst. Dieser Haarstil geht schnell, ist einfach und praktisch. Für diese Frisur teilst Du die Haare Deines Kindes in zwei Teile links und rechts (oder auch in drei, vier oder fünf Teile, ganz wie Du und Dein Kind das wollen) und bindest sie zusammen. Achte darauf, metallfreie Haargummis zu verwenden, denn in den metallhaltigen klemmen sich gerne Haare ein. Binde die Haare nicht zu fest zusammen, um die Kopfhaut nicht zu sehr unter Stress zu setzen. Diese Frisur kann mit bunten Bändern und bunten Haargummis noch aufgewertet werden. Afro-Wölkchen sind eine praktische Frisur für den Alltag und gewöhnen das Kind langsam an das regelmäßige Haarstylen.

Twists – Gedrehte Strähnen

Diese Frisur hat das Potenzial, zur Lieblingsfrisur Deines Kindes zu werden. Sie verlangt aber auch eine geduldige Ader von dem Frisierenden und viel Sitzfleisch von dem Kind. Am besten gehst Du wie folgt vor. Solange die Haare nach der Haarwäsche noch nass sind, teile die Haare in kleine Partien. Diese Haarsträhnen ergeben die gewünschte Anzahl der Twists. Es können fünf oder sechs sein, aber auch 100 bis 200. Jede Partie teilst Du nochmals in zwei Hälften ein. Nun nimmst Du die beiden Strähnen und drehst sie einzeln und gegeneinander ein, sodass sie sich umeinander schlingen. Die Enden schließt Du entweder mit bunten Schleifen und (metallfreien) Haargummis oder lässt sie offen (afro-gelockte Haare verschlingen sich so gut umeinander, dass sie ohne künstlichen Verschluss auskommen).

Einige verwenden künstliche Haarteile (Extensions), die man in den Afroshops in unterschiedlichen Haarfarben und Materialien findet. Diese werden in die Twists eingearbeitet, um dem Haar noch mehr Volumen zu geben. Hier muss darauf geachtet werden, die Twists, nicht zu fest um die Haarsträhnen zu drehen, um die Haarwurzel nicht zu beschädigen und die Haare nicht zu sehr zu strapazieren. Auch das zusätzliche Gewicht, kann gerade für kleine Kinderköpfe noch etwas zu schwer sein und die empfindlichen Haarwurzeln zu sehr belasten. Bevor Du die Haarverlängerungen einarbeitest, solltest Du es Dir von einer_m Expert_in zeigen lassen, wie Du am besten vorgehst.

Je kleiner die Twists, desto schmerzhafter kann das Prozedere werden und desto wahrscheinlicher wirst Du Dich an Menschen wenden wollen, die das professionell können bzw. geübt darin sind. Beginne bei kleinen Kindern mit einigen wenigen Twists, da ihre Kopfhaut und ihre Haare noch sehr empfindlich sind und sie noch nicht lange sitzen bleiben können und werden.

Bantu Knots – Haarknoten

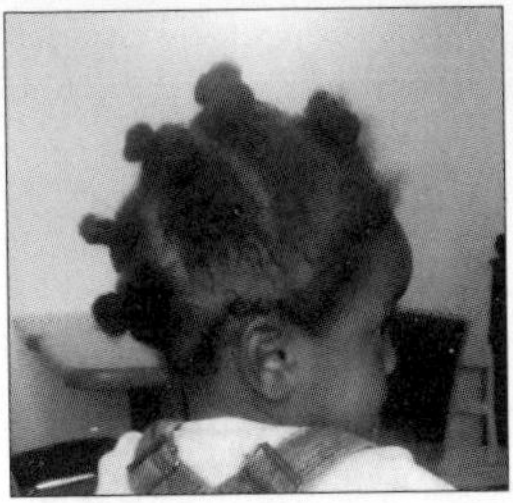

Diese schöne Frisur, die sowohl Erwachsenen als auch Kindern steht, ist einfach umzusetzen. Hierfür teilst Du die Haare wahlweise in größere oder kleinere Partien. Die Strähnen befeuchtest Du mit etwas Wasser aus einem Wassersprüher und hältst Deine Finger und das Haar mit einem Pflegeöl wie Kokosöl oder Shea Butter geschmeidig. Nun drehst Du die Strähnen bis sie sich aufdrehen und rollst die Strähne zu einem kleinen Knoten zusammen. Abhängig von der Struktur des Haares, musst Du die Knoten nun mit einem (metallfreien) Haargummi festbinden oder Du steckst die Strähne einfach fest. Fertig ist die Frisur.

Bantu-Knoten lassen sich auch aus geflochtenen Zöpfen oder Twists formen. Dafür nimmst Du einfach zwei, drei Strähnen und verdrehst sie, bis sie sich aufrollen. Die verdrehten Strähnen zu Knoten rollen. Und auch diese Bantu-Knoten sind fertig. Bantu-Knoten sind die optimalen Einsteigerfrisuren, um Twist-Outs zu erhalten.

Twist Outs

Manchmal möchte Dein Kind das Haar einfach offen tragen. Einen Haarreifen rein und/oder eine bunte Schleife und schon fühlt sich das Kind ganz groß. Für diese Frisur gehst Du folgendermaßen vor: Nachdem Du das Haar gewaschen hast, teile es in kleinere Abschnitte ein. Teile eine Partie in zwei Strähnen und drehe diese umeinander (Twists). Die Enden der Strähnen kannst Du flechten oder Du verwendest einen metallfreien Haargummi, damit sich die Twists nicht wieder öffnen. Vor allem Kinder mit glatterer oder rutschigerer Haarstruktur benötigen ein Haargummi, damit sich die gedrehten Strähnen schließen. Lasse die Twists für ein, zwei Tage drin. Wenn Du sie öffnest, wirst Du merken, dass die

Haare nun größere Locken haben. Diese auf keinen Fall herauskämmen. Frisiere diese offenen Strähnen mit den Fingern. Nun nur noch ein Stirnband aufsetzen und los geht's.

Braids – Zöpfe

Diese absolute Lieblingsfrisur vieler Kinder und Erwachsener ist, mit etwas Übung, leicht machbar. Auch hier beginnst Du am besten mit nassen Haaren. Du teilst die Haare in Partien ein und ziehst einen Scheitel. Mit einem Kamm teilst Du nun jede Partie in kleine Abschnitte. Je nach Größe des Abschnitts, werden die Zöpfe dicker und weniger oder dünner und mehr. Nun flechtest Du die Haare bis zu den Haarspitzen hinunter. Achte darauf, nicht zu fest zu flechten, um dem Kind keine unnötigen Schmerzen zuzufügen. Gerade Kinder, die diese Frisur nicht gewohnt sind, werden angesichts des häufigen Kämmens, Flechtens und Ziehens eine gewisse Empfindlichkeit entwickeln. Auch die Haarwurzeln können unter der großen Belastung leicht beschädigt werden. Für Kleinkinder und Säuglinge eigenen sich bunte Schleifen im Haar. Etwas ältere Kinder lieben auch bunte Perlen oder Muscheln, die zusätzlich in das Haar eingeflochten werden.

Wie bei Twists, können auch künstliche Haarteile verwendet werden, um dem Haarschopf sowohl mehr Volumen als auch Länge zu geben. Die Enden können zur Schließung entweder abgebrannt werden (autsch, schmerzhaft, da es sich um heißes Plastik handelt) oder in heißes Wasser getaucht werden. Aber auch hier gilt: Vorsicht Brandgefahr. Am besten mit Handtüchern hantieren und sehr, sehr vorsichtig sein. Die Frisur eignet sich daher eher für ältere Kinder, die sich dieser Gefahr bewusst sind und auf Anweisungen mit Vorsicht reagieren.

Diese Frisuren eigenen sich sehr gut, da sie mehrere Tage bis Wochen getragen werden können. Gerade für die Ferienzeit bzw. bei Kindern, die sich ungern die Haare machen lassen, eignen sich diese Frisuren, da sie haarschonend sind und sowohl den unwilligen Kindern als auch den leidgeprüften Eltern durch die lange Haltbarkeit eine Schonfrist geben.

Die Haarpflege nach dem Öffnen:

Das Öffnen der Haare erfordert Geduld. Bedenke, dass vor allem die Kopfhaut nach dieser Prozedur sehr sensibel ist und wie ein rohes Ei behandelt werden sollte.

1. Stelle Dir eine mit Conditioner und Wasser gefüllte Wassersprühflasche zur Seite und sprühe diese auf die problematischen Stellen. Kämme und entwirre die Haare zunächst nur mit den Fingern. Die losen Haare kannst Du vorsichtig herausziehen, die verknoteten Stellen (dort wo die Zöpfe am Ansatz beginnen), löst Du ganz vorsichtig mit den Fingern bzw. einem grobzinkigem Kamm.
2. Wasche die Haare und vor allem die Kopfhaut sehr gut. Um die Haare/Kopfhaut richtig sauber zu bekommen, empfiehlt es sich, hier nicht nur auf die Co-Washing Methode zu setzen, sondern mit einem Shampoo den ganzen Kopf zu waschen.
3. Gönne dem Kopf eine Extraportion Liebe in Form von Haarmasken, pflegenden Spülungen, heilenden und pflegende Teespülungen. Bedenke, Zöpfe können bis zu acht Wochen im Haar bleiben, in dieser ganzen Zeit hattest Du bzw. Dein Kind frei. Nun ist die Zeit gekommen, den Kopf mit erhöhter Aufmerksamkeit zu belohnen.
4. Nach dem Waschen können die Haarspitzen geschnitten werden.
5. Gib der Kopfhaut/den Haaren mindestens zwei Wochen Erholungszeit, bevor Du sie wieder in eine neue Dauerfrisur verwandelst. Diese Zeit gilt der Erholung und des Gewöhnens an das offene Haar.

Cornrows

Cornrows sind an der Kopfhaut entlang geflochtene Zöpfe, die ihren Namen der an Maisreihen erinnernden Form verdanken. Sie sind dem französischem Zopf ähnlich und doch total anders. Bei Cornrows verwischen die Grenzen zwischen der Haarwelt und der Kunstwelt, denn Könner und Könnerinnen dieser Frisur erschaffen auf der Kopfhaut ganze Welten künstlerischer Formen. Geometrische Figuren wechseln sich ab mit Symbolen oder Mustern. Diese ›Designer Cornrows‹ sind wahre Hingucker und praktisch nur von Profis oder Amateur_innen mit langjähriger Übung zu machen. So weit wollen wir es aber nicht treiben. Cornrows eigenen sich als langlebige, unkomplizierte Frisur für Mädchen und Jungen, die ihre Haare wachsen lassen wollen und sich nicht zu sehr mit den Haaren beschäftigen möchten. Bei dieser Frisur musst Du darauf achten, sie nicht zu fest an die Kopfhaut zu flechten, um die Haare nicht auszureißen oder die Haarwurzel zu beschädigen. Und gerade, wenn Du die Haare Deines Kindes bei professionellen Flechterinnen machen lässt, musst Du ein Auge darauf haben, dass diese nicht zu fest flechten, im Wunsch die Frisur lange haltbar zu machen bzw. eine filigranere Optik zu erzielen. Je feiner die Cornrows, desto schmerzhafter die Prozedur und desto vorsichtiger muss der Umgang mit dem Haar erfolgen, um keine dauerhaften Schäden zu hinterlassen.

Um Cornrows zu flechten, sollten die Haare bestenfalls feucht und leicht eingeölt sein. Teile die Haare in ebenmäßige Reihen ein. Die Breite der Reihen und der Verlauf der Reihen bestimmen die Optik der Cornrows. Nun beginnst Du vorne am Haaransatz und flichst die Haare, ähnlich dem französischen Zopf, am Kopf entlang, indem Du jedes Mal neue Haarsträhnen aufnimmst, und Dich dabei der Reihe entlang bewegst. Entweder flichst Du die Cornrows bis zum Ende des Kopfes und darüber hinaus bis zur Haarspitze oder Du endest an einer bestimmten Stelle am Kopf und gehst zu einem freien geflochteten Zopf über. Diese Mischform zwischen Cornrows und Zöpfe eignet sich, wenn Du eine variablere Frisur willst, die trotzdem leicht zu pflegen ist.

Baby Loc(k)s

Baby Locs, auch kleine/kurze Locks genannt, lassen sich erstaunlich schnell und vor allem bei afrogelocktem Haar ganz ohne Wachs oder Gel herstellen. Nimm einen angefeuchteten Schwamm (neuen Küchenschwamm) und reibe mit ein wenig Druck in kleinen Kreisen über den frisch gewaschenen, getrockneten und leicht eingeölten Haarschopf. Im oder gegen den Uhrzeigersinn. Hauptsache Du behältst eine Richtung bei, sonst läufst Du Gefahr, die Haare abzubrechen oder auszureißen. Werde nicht zu übermütig, aber Du wirst schnell feststellen, wie sich kleine Baby Locs entwickeln. Eine spannende Reise, in eine neue Welt.

(Dread-)Locks

Locks wurden früher auch, eher negativ konnotiert, »Dreadlocks« (gefürchtete Locken) genannt. Fakt ist, für viele Schwarze Kinder, Jugendliche und Erwachsene ist diese Frisur eine der natürlichsten Frisuren, die sie mit ihren afrogelockten Haaren haben können. Diese Frisur schont die Kopfhaut und die Haare und zählt zu den beliebtesten Frisuren für Menschen jeden Alters. Daher stellt sich die Frage, wäre das auch etwas für Dein Kind?

Es gibt gute Gründe, die für diese Frisur sprechen. Einerseits erlaubt diese Frisur dem Haar, sich zu erholen und an Länge zu gewinnen. Sie erfordert nur wenig zeitlichen Aufwand und bis auf das gelegentliche Nachdrehen handelt es sich um eine Frisur, die monatelang bis jahrelang getragen werden kann. Diese Frisur eignet sich also für Kinder und Menschen, die sich nicht zu viel und zu oft mit ihren Haaren beschäftigen wollen, Menschen, die eine dauerhafte Frisur möchten, Menschen, die ihr Haar lang wachsen lassen möchten, Menschen, die es nicht bürsten/kämmen lassen wollen. Kurzum: Locks eignen sich für Kinder, die bei geringem Aufwand eine dauerhafte Frisur haben möchten. Aber Du musst Dir bewusst sein: Locks verlangen ein dauerhaftes Bekenntnis. Du kannst die Haare nicht heute zu Locks verknoten, um die Entscheidung einen Monat später zurückzunehmen. Unter Umständen können Locks wieder geöffnet werden. Dafür benötigt man jedoch sehr viel Geduld. Zudem kann es sehr schmerzhaft sein und die Haare sehr beschädigen.

Daher solltest Du bzw. Dein Kind diese Frisur in aller Konsequenz und aus ganzem Herzen wollen. Es kann Dir helfen, Dir folgende Gedanken zu machen: Wechselt Dein Kind gerne häufig die Frisur? Dann sind Locks sicherlich keine Frisur für sie. Auch wenn Dein Kind ziemlich sicher Locks haben möchte, so beginne erst einmal mit Twists oder Zöpfen, um zu prüfen, ob es tatsächlich weiß, was es bedeutet, dauerhaft dieselbe Frisur zu haben (Achtung! In diesem Fall, solltest Du keine künstlichen Haarteile in die Haare einarbeiten). Belasse diese Frisur so lange in ihrer Form, bis sich die Twists und Zöpfe zu verknoten beginnen. Sollte Dein Kind weiterhin darauf bestehen, Locks zu bekommen, so lasse die Haare sich weiter verknoten. Falls das Kind sich doch noch umentscheidet, kannst Du sie immer noch öffnen.

Wartet also lieber, bis das Kind sich über die Permanenz der Entscheidung im Klaren ist und dieses auch artikulieren kann. Wahlweise, könntest Du natürlich auch einem Kleinkind diese Frisur verpassen, um sie dann abzuschneiden, wenn das Kind älter wird. Denn es ist wichtig, dass das Kind die Pflege und den Umgang mit dem eigenen Haar frühzeitig lernt.

Dreadlocks sind eine schöne Alternative zu Braids und Twists. Das afro-gelockte Kind erfährt zum ersten Mal, wie das eigene Haar (sichtbar) länger und länger wird.
Folgende Methoden sind zur Herstellung von Locks geeignet:

Methode Palm Rolling (über die Handfläche rollen)

1. Teile den Kopf in vier Abschnitte. Beginne beim ersten Abschnitt, indem Du die Haare mit einem Stielkamm (ein Kamm mit einem langen Stil) in die gewünschte Dicke der Locks unterteilst. Große Haarabschnitte für dicke Locks, kleinere Abschnitte für kleinere Locks. Zum Fixieren verwende einen speziellen Gel für Locks.
2. Nimm die Haarsträhne in Deine linke Hand (in die Rechte, wenn Du Linkshänder_in bist). Bewege die rechte Handfläche vom Ballen beginnend bis zu den Fingerspitzen über die Haarsträhne, bis die ganze Haarsträhne gedreht ist.
3. Verschließe die entstandene gedrehte Strähne mit einer Metallklammer, damit sie sich nicht wieder öffnet. Fahre mit allen Haarabschnitten so fort, bis alle Haare gezwirbelt sind. Nun lasse die Haare trocknen und öffne die Metallklammer erst, wenn die Haare trocken sind. Der ganze Prozess kann durch eine Trockenhaube beschleunigt werden.
4. Alle vier Wochen müssen die Ansätze der Locks neu verknotet werden, da die Haare nachgewachsen sind. Zu diesem Zweck verwende ein Gel auf Wasserbasis bzw. Öl und fixiere sie so. Creme die Ansätze mit Gel ein und rolle den Ansatz über die Handfläche. Fahre mit allen Strähnen so fort und lasse sie danach trocknen.

Methode Comb Twisting – Strähnen drehen mit einem Kamm

1. Für diese Methode benötigst Du erneut einen Stielkamm. Wieder teilst Du die Haare in vier Abschnitte.
2. Achte dabei darauf einen Mittel- und einen Seitenscheitel zu ziehen, das hilft beim Frisieren sehr. Teile alle Abschnitte in die gewünschte Dicke.
3. Die störenden Haarteile kannst Du mit einer Klammer wegklemmen, damit sie Dir nicht in die Quere kommen. Verwende ein Gel auf Wasserbasis, damit sich dieses wieder leicht herauswaschen lässt. Klemme den Stielkamm an die Haarspitze der Strähne und drehe die Strähne mithilfe des Stilkamms so lange, bis die gesamte Strähne verzwirbelt ist. Verschließe die entstandene gedrehte Strähne mit einer Klammer.
4. Fahre so fort, bis Du den kompletten Kopf fertig hast. Diese Locks lässt Du nun an der Luft oder mithilfe der Trockenhaube trocknen.

Bei der Pflege der Dreadlocks ist Folgendes zu beachten:

1. Dreadlocks werden wie offene Haare gewaschen und gepflegt.
2. Vermeide es, Wachs ins Haar zu schmieren, denn darin verfangen sich gerne Schmutzpartikel und Fusseln. Gerade für die Anfänge der Locks verwenden viele Haarsalons Wachs, um die verknoteten Strähnen daran zu hindern, sich wieder zu öffnen. Doch mit etwas Geduld, funktioniert das auch mit einem guten Gel und viel Zeit. Afro-gelockte Haare eignen sich am besten von allen Haarstrukturen für Locks, da sie sich praktisch ohne Hilfsmittel verknoten. Es genügt, die geflochtenen oder gedrehten Haare sich selbstständig verknoten zu lassen.
3. Wenn Du selbst die Auffrischung der Locks bei Deinem Kind vornehmen willst, informiere Dich vorher sehr gut bei jemandem, der_die sich gut damit auskennt.

Der Cäsar

Was vielen Eltern als ›Haare ab und Kanten gestutzt‹ vorkommt, ist ein Haarschnitt, zu dem Frisör_innen weltweit Meisterschaften abhalten: Wer kann den saubersten Cäsar schneiden? Ursprünglich wurde diese Frisur vom Haarschnitt des berühmtesten römischen Feldherren abgeleitet. Inzwischen gilt sie als Schwarze Frisur. Bei einem guten Frisör kannst Du Dein Kind mit einem Designerschnitt abholen, wie ihn nur amerikanische Hip-Hop-Größen tragen. Jemand mit einer geübten Hand, kann diese Frisur auch zuhause mit einem guten Haarschneider herstellen:

Rasiere immer im Fluss der natürlichen Haarwuchsrichtung, immer vom Haarwirbel am Hinterkopf beginnend. Variiere dabei nicht den Schutzabstand des Haarschneiders (1mm oder 3mm), sondern rasiere ausschließlich mit derselben Länge. Um verschiedene Effekte zu erreichen, wird der Haarschneider an unterschiedlichen Stellen angesetzt und zum Teil gegen die Haarwuchsrichtung angesetzt. Dadurch entstehen unterschiedliche Muster aus unterschiedlichen Haarlängen und Übergängen.

Um die exakten ›Outlines‹, also die Haaransätze, zu erhalten, musst Du den Haarschneider umdrehen und kannst so noch präziser und akkurater arbeiten. Trimme ausschließlich entlang des natürlichen Haaransatzes. Zu viel kreativer Übermut kann im schlimmsten Fall zu einem peinlich erschrockenem Elternteil und bitteren, bitteren Kindertränen führen. Also: Vorsicht mit der Maschine!

Mischformen

Es gibt zahllose Möglichkeiten, die beschriebenen Frisuren miteinander zu kombinieren. Beispielsweise flechtest Du die vorderen Haare des Kindes zu einem ›Pony‹ und die hinteren Haare zu Cornrows. Oder Du wählst einen anderen Teil des Kopfes für die Cornrows und kombinierst diese mit Bantuknoten. Oder Du kombinierst Bantuknoten mit

Twist... Deiner Fantasie und der Deines Kindes sind keine Grenzen gesetzt.

Der Traum vom glatten Haar...

Viele afrodeutsche Kinder träumen von ›unkomplizierten‹, glatten Haaren. Haare, die bis auf den Rücken fallen, Haare, die im Wind wehen und manchmal das Gesicht kitzeln. Haare, wie es die Prinzessinnen oder andere Held_innen aus den Büchern oder dem Fernseher tragen. Der Traum afrodeutscher Kinder muss aber nicht von glattem Haar handeln, denn auch sie haben traumhaft schöne Haare. Das zu vermitteln, ist die Aufgabe der Eltern. Also Deine Aufgabe. Denn, die Kinder sollen wissen, dass sie keine komplizierten Haare haben. Nur Unwissenheit im Umgang mit afro-gelockten Haaren lässt das Haar kompliziert erscheinen.

Haare langfristig glätten

Darf ich das Haar meines Kindes glätten: ja oder nein? Diese Frage wird von einer hitzigen Diskussion begleitet, bei der eine Partei sich absolut für, eine andere mit Vehemenz gegen die Praxis des Glättens einsetzt. Der Meinung, das Haar ›natürlich‹ zu belassen und die natürliche Struktur des Haars anzunehmen, steht die Position entgegen, dem Wunsch des Kindes nach glattem Haar zu entsprechen, um es zu unterstützen. Denn Haare kämmen ist für viele afro-gelockte Kinder eine sehr unangenehme Erfahrung, was durchaus zur Ablehnung des eigenen Haars führen kann. Nicht wenige Kinder wünschen sich daher ›unkomplizierte‹ glatte Haare. Durch die chemische Veränderung der Haarstruktur werden die Haare auch im trockenen Zustand leichter kämmbar und die wirkliche Länge der Haare wird offensichtlicher. Eltern, die sich nicht sehr gut mit der Haarstruktur ihres Kindes auskennen, empfinden daher das Glätten als angenehme Lösung für das Kind (und für sich selbst).

Haarglättemittel enthalten aggressive Chemikalien, die sowohl die Struktur des Haares dauerhaft verändern als auch die Haare und die Kopfhaut angreifen und beschädigen. Eine professionelle Anwendung ist unabdingbar, um die Schäden in einem vertretbaren Rahmen zu halten.

Wenn Du online oder in den Afroshops nach Haarglättemittel (Relaxer) suchst, wirst Du auch auf Produkte stoßen, die angeblich explizit für das Haar von Kleinkindern und Kindern hergestellt wurden. Aber Achtung: auch diese Produkte sind sehr aggressiv und keineswegs harmlos. Die darin enthaltenen Chemikalien sind nicht weniger schädlich, nur weil sie an Kinder adressiert sind. Die Mittel suggerieren nur, weniger aggressiv und damit auch für Kinder anwendbar zu sein. Nicht wenige Erwachsene haben diese ›Light‹-Version ausprobiert und fanden sich danach mit verätzter Kopfhaut wieder. Überlege Dir daher sehr gut, ob Du tatsächlich das Haar Deines Kindes glätten willst. Folgende Überlegungen könnten Dir helfen:

1. Warum möchtest Du das Haar Deines Kindes glätten? Für Dich oder für Dein Kind, damit dieses das Trauma ›Kämmen‹ hinter sich lassen kann?
2. Möchtest Du die Locken wirklich dauerhaft entfernen? Geglättete Haare verhalten sich nicht wie glatte Haare. Sie fallen nicht, sondern müssen weiterhin nach unten frisiert werden, damit sie auch dort bleiben. Geglättete Haare bleiben stolze Haare.
3. Geglättete Haare sind fragil und bedürfen einer sehr regelmäßigen intensiven Pflege. Diese Zeit mag ebenfalls ermüdend sein und Dich und Dein Kind an die Ausgangssituation erinnern.
4. Geglättete Haare müssen immer wieder nachgeglättet werden, sonst könnten sie an dem Übergang vom geglätteten zum nachgewachsenen Haar abbrechen. Das erfordert immer wieder ein Nachtragen des Haarglättemittels.

Haarglättemittel sollten aufgrund der Belastung nicht zu früh angewendet werden. Es gibt viele Eltern, die die Anwendung schon im Kleinkindalter von drei, vier Jahren beginnen. Das ist insofern schade, als dass die Haare sich in diesem Alter weiterhin verändern können. Doch falls Du es trotzdem machen möchtest, dann lass die Haare von einer_m professionellen Haarstylist_in glätten. Es muss zudem dringend bedacht werden, dass Kinder in einem so jungen Alter keine Möglichkeit haben, ihre Haare kennenzulernen und mit ihnen umzugehen lernen. Daher erlauben es viele Eltern ihren Kindern erst mit zwölf oder dreizehn Jahren. Dieses Alter stellt den Übergang vom Kind zum Jugendlichen dar. Auch die Haare reifen und erreichen ihre endgültige Struktur. Das Kind wird dann gelernt haben, sich um das eigene Haar zu kümmern und sich über die Tragweite der Entscheidung, das Haar permanent zu glätten, klar sein. Für den gelegentlichen Wunsch nach glattem Haar reicht ein Griff zum Glätteisen, um die Haare bis zur nächsten Haarwäsche zu glätten.

Texturizer

Texturizer sind schwache Haarglättemittel. Anders als normale Relaxer bzw. Haarglättemittel glätten sie das Haar nicht völlig, sondern belassen eine veränderte, größere Lockenstruktur der Haare. Es wäre falsch anzunehmen, dass Texturizer eine geeignete Alternative für das übliche Haarglättemittel wären. Denn auch bei ihnen handelt es sich um einen chemischen Eingriff in die natürliche Haarstruktur Deines Kindes. Trotzdem wäre dies die bessere Alternative im Vergleich zum Haarglättemittel. Auch Texturizer müssen regelmäßig angewendet werden. Es muss darauf geachtet werden, das bereits behandelte Haar nicht noch einmal mit Texturizer zu behandeln, da sich das Haar ansonsten weiterhin glättet und dadurch eine ungleichmäßige Lockenstruktur entsteht. Zudem greift das Haarmittel die Haare nochmals an. Haare, die mit Texturizer behandelt wurden, benötigen – ähnlich wie bei der Verwendung eines Relaxer – eine Extraportion Pflege.

Haare mit dem Glätteisen glätten

Bevor Du Deine Haare langfristig glättest, solltest Du erst einmal das temporäre Glätten mit dem Glätteeisen ausprobieren. Das Glätteeisen trocknet das Haar zwar auch aus, doch ist es sehr viel gesünder für das Haar als die chemischen Substanzen. Achte darauf die Hitze nicht zu hoch anzusetzen, um die Haare nicht zu verbrennen. Trage am besten vor dem Glätten eine Haarschutzcreme auf.

Diese Methode eignet sich für Kinder, die einmal glatte Haare haben möchten, ohne ihre Haare permanent zu verändern. Beim Kauf eines geeigneten Glätteisens solltest Du Dich gut beraten lassen, damit Du ein haarschonendes Produkt erhältst, dessen Hitze sich gut regulieren lässt. Achte zusätzlich auf die Beschichtung (Keramik, Aluminium, Gold, Titan) und auf die Möglichkeit zur stufenweisen Wärmeregulierung.

Zur Vorbereitung der Haare auf das Glätten solltest Du die Haare mit ausreichend Feuchtigkeit versorgen. Achte beim Haarewaschen auf ein Feuchtigkeitsshampoo, verwende eine Spülung, die das Haar mit Feuchtigkeit versorgt. Vor dem Glätten sollte das Haar möglichst trocken sein, da nasses Haar empfindlicher auf Hitze reagiert als das trockene Haar. Haare, die noch etwas feucht oder nass sind, können dadurch stark beschädigt werden. Sprühe daher vorab ein Hitzeschutzspray auf das Haar oder verwende ein Serum zum Schutz der Haare. Lass beides gut trocknen. Arbeite Dich vom Haaransatz langsam hinunter. Achte aber darauf, nicht zu lange an einer Stelle zu verweilen, um das Haar nicht zu sehr zu strapazieren.

Die Reise kann beginnen…

Die vorgestellten Frisuren sind nur eine Auswahl von unzähligen möglichen Frisuren. Viele von ihnen sind leicht selbst zu machen, viele erfordern aber auch eine gewisse Professionalität und Erfahrung. Und sehr viel Übung. Aber es lohnt sich. Und bis dahin, suche mit Deinem Kind nach Expert_innen, die euch helfen, und auch nach Vorbildern für Dein Kind mit dem wunderschönen Haar.

Erziehungsfragen

Zur Erziehung ist in Deutschland schon sehr viel geschrieben worden. In diesem Abschnitt sollen daher nicht weitere Erziehungstipps und Anregungen wiederholt, sondern speziell auf Überlegungen eingegangen werden, die sich auf das Erziehen von afrodeutschen Kleinkindern richten.

Von Muttersprache(n), ersten Sprachen und Sprachen, die das Leben begleiten

Meine Schwester und ich verbrachten unsere ersten Lebensjahre in Frankreich, und sprachen selbstverständlich Französisch. Zuhause sprachen wir hingegen Englisch und Yoruba (eine nigerianische Sprache). Wir hatten also schon einmal zwei Muttersprache und sogar drei sogenannte erste Sprachen.

Heute spreche ich Deutsch auf muttersprachlichem Niveau. Manchmal begegnen mir Fantastereien in Form von Menschen, die mein Deutsch bewundern. Weil es so fremdländisch klänge – was in Wirklichkeit schwäbisch ist. Weil es so wohlklingend sei – wer es nicht gewohnt ist, ein Schwarzes Gesicht muttersprachliches Deutsch sprechen zu hören... Und trotzdem. Trotz guter Deutschnoten und gutem Universitätsabschluss, zögere ich bei der Vorstellung, Deutsch meine Muttersprache zu nennen. Denn es gibt sie, die grammatikalischen Fehler, das kurze Innehalten, das nur ich mitbekomme, weil ich mir überlegen muss, welcher Artikel vor diesem und jenem steht. Vielleicht geht es vielen so, vielleicht auch nicht. Vielleicht hat es mit dem Wissen zu tun, dass ich diese Sprache nicht als Muttersprache erlernte. Und dass der Preis für das Beherrschen dieser Sprache der Verlust meiner ersten Sprachen war. Das Innehalten hat aber auch damit zu tun, dass ich schon zu häufig von Lehrer_innen und Dozent_innen auf meine Sprachfähigkeit angesprochen wurde. Manchmal bewundernd, manchmal fragend. Fantastereien auch das, denn natürlich weiß ich, dass Deutsch zu mir gehört, dass Deutsch die Sprache ist, die mich ein Leben lang begleiten wird. Es gibt sie, die Sehnsucht nach meinen ersten Sprachen. Der Zugang zu ihnen ist da, nur haben sie mit dem Ende der Kindheit ihre Nähe zu meinen Gefühlen und Gedanken, zu meinen Träumen verloren.

Mehrsprachigkeit spielt in meiner Identität daher eine große Rolle. Der Verlust von Sprachen, der Erwerb von Sprachen. Heute spreche ich Deutsch und Englisch und habe eine kleine Tochter. Bevor sie geboren wurde, überlegten wir, in welchen Sprachen wir sie aufwachsen lassen möchten. Wir haben unsere Familien in Deutschland, in Großbritannien, in Irland und in englischsprachigen afrikanischen Ländern. Und diese Realität führte schnell zu der Lösung, die wir bis heute praktizieren. Sie wächst mit Englisch und Deutsch auf. Warum? Weil sie uns nicht gehört. Weil sie eingebettet ist in Familien, die sprachliche Grenzen sprengen. Sie in nur einer Sprache aufwachsen zu lassen, hieße, sie ihrer Familien, ihrer familiären Verbindungen, ihrer weiteren Prägungen zu entreißen. Wir konnten ihr keine afrikanischen Sprachen vermitteln. Wir können ihr jedoch die Türe öffnen, sodass sie Zugang zu Menschen hat, die ihr das vermitteln können. Wenn sie es möchte.

Mehrsprachigkeit

Frühere Generationen werden bestätigen können, wie ablehnend sich Bildungsinstitutionen gegenüber mehrsprachigen Familien verhielten, insbesondere wenn es sich um Sprachen handelte, die nicht zu den ehemaligen Kolonialsprachen (Englisch, Französisch, Spanisch, Portugiesisch) gehörten. Häufig wurde argumentiert, dass es viel wichtiger sei, sich auf eine Sprache zu fokussieren, um diese perfekt beherrschen zu können. Diese Annahme wurde schon längst von Expert_innen wissenschaftlich widerlegt, und kaum ein Mensch wird heute widersprechen, wenn von dem enormen Zugewinn und der unschätzbaren Ressource gesprochen wird, die eine weitere Sprache mit sich bringen kann. Es sind nicht nur die individuellen Möglichkeiten, sich mit Menschen eines anderen Sprachraums unterhalten zu können, sondern auch der wertvolle Zugang zu Wissen und sozialen Kompetenzen.

Sicherlich haben sich viele Eltern schon mit dem Gedanken auseinandersetzt, wie sie und ob sie ihr Kind mehrsprachig erziehen möchten. Wenn die Eltern unterschiedliche Muttersprachler_innen sind, so wird es ihnen sicherlich naheliegen, jeweils in ihrer Sprache mit ihrem Kind zu reden. Sprachwissenschaftlich wird heute davon ausgegangen, dass es sehr wichtig ist, dass eine Person immer bei derselben Sprache bleibt und nicht zwischen den Sprachen hin- und herwechselt.

Mehrsprachigkeit im Kindergarten

Die meisten Kinderbetreuungseinrichtungen sind mehrsprachige Einrichtungen, auch wenn sie sich dessen nicht bewusst sind. Viele der Kinder sprechen neben Deutsch mindestens eine weitere Sprache. Eine aktive Förderung bzw. ein aktives Praktizieren von Mehrsprachigkeit findet jedoch in nur wenigen Einrichtungen statt. In den größeren Städten finden sich sehr viel mehr mehrsprachige Einrichtungen. Die langen Wartezeiten zeigen jedoch, wie groß die Diskrepanz zwischen Angebot und Nachfrage ist.

Mehrsprachige Einrichtungen für Kinder und Kleinkinder

Herzlichen Glückwunsch. Du gehörst nun zu den Glücklichen, die einen Platz innerhalb einer mehrsprachigen Einrichtung für ihr Kind erhalten haben. Doch was bedeutet ›mehrsprachig‹ in diesem Zusammenhang. Die meisten Kinderbetreuungseinrichtungen in Deutschland betreuen auch Kinder, die mehrsprachig, also mit zwei bis drei Sprachen aufwachsen. Sei es deutsch, türkisch und englisch oder deutsch und französisch. Zweisprachige Kinderbetreuungseinrichtungen haben die Mehrsprachigkeit programmatisch integriert. Wie gleichberechtigt die deutsche und die weitere(n) Sprache(n) nebeneinander existieren, kann anhand folgender Überlegungen festgestellt werden:

- Gibt es neben den deutschsprachigen Kinderbüchern auch Büchern der anderen Sprache?
- Wie wird Mehrsprachigkeit thematisiert bzw. wertgeschätzt?
- Wer vermittelt die weitere Sprache, wie ist die zuständige Erzieher_in im Kollegium eingebunden?
- Welches Verhältnis besteht zwischen den beiden Sprachen?

Für die Eltern afrodeutscher Kinder kommt noch eine Komponente hinzu, die essenziell für das Aufwachsen ihres Kindes ist: die der Vermittlung eines gesunden Selbstbildes. Welches Bild vermittelt die Einrichtung? Welchen Stellenwert nimmt kulturelle Diversität ein? Wie wird mit Vorfällen umgegangen, die ihren Ursprung in Ausgrenzung haben?

Sankofa e.V. – eine Kita für afrodeutsche Kinder

In Berlin entsteht momentan eine Kita, die sich gezielt an afrodeutsche Kinder wendet. Mirjam Nuenning, die Gründerin der Kita, erzählt, warum es notwendig war, diese Kita zu gründen.

Seit wann existiert die Kindertagesstätte Sankofa?

M.N.: Sankofa ist eine Kita in Gründung und wird im Herbst 2016 eröffnet.

Warum wurde die afrodeutsche Kita gegründet?

M.N.: Um einen Raum zu schaffen, in welchem Kinder afrikanischer Herkunft sich sicher, angenommen und völlig normal fühlen können. Ein Raum, in welchem ihre Lebensrealität in den ausgewählten Büchern und Spielmaterialien widergespiegelt wird. Ein Raum, in welchem es positive Identifikationsmöglichkeiten für sie gibt und Bezugspersonen, die für ihre Bedürfnisse sensibel sind. Ein Raum, aus dem sie selbstbewusst und gestärkt in die Welt gehen können.

Für welche Kinder wurde die Kita gegründet?
M.N.: Hauptsächlich, aber nicht ausschließlich für Kinder afrikanischer Herkunft

Sankofa, warum wurde dieser Name gewählt?
M.N.: Ein Teil meiner Familien stammt aus Ghana – das Sankofa-Symbol und seine Bedeutung inspirieren mich schon lange.

Was bedeutet es und welche Rolle spielt es für die Kita?
M.N.: Es bedeutet ›Geh zurück und hol es‹ – im übertragenen Sinne bedeutet es, dass es wichtig ist, sich auf die eigenen Wurzeln zu besinnen bzw. in die Vergangenheit zu schauen, um die Gegenwart verstehen und die Zukunft gestalten zu können. Wir wollen, dass sich die Kinder bei Sankofa ihres reichen kulturellen Erbes bewusst werden. Das tun wir, indem wir afrikanische und afrodiasporische Geschichten erzählen, Bücher lesen, Lieder singen, Tänze lernen etc...

Welche Sprachen werden in der Kita vermittelt? Wie wird Mehrsprachigkeit etabliert?
M.N.: Es wird eine Englisch-Deutsche und eine Französisch-Deutsche Gruppe geben. Bei uns werden muttersprachlicher Erzieher*_innen aller drei Sprachen arbeiten und zwar nach dem Prinzip: eine Person = eine Sprache. Doch auch die anderen Sprachen, die unsere Erzieher*_innen und Familien mit in die Kita bringen, sollen einen Raum finden, zum Beispiel in Liedern oder Geschichten.

Welche Rolle spielen die Eltern in der Kita?
M.N.: Eltern spielen eine sehr wichtige Rolle, denn wir sind eine Elterninitiativkita. Das heißt, dass Eltern diese Kita gegründet und aufgebaut haben und auch die Verwaltung der Kita übernehmen. Dadurch herrscht ein sehr enges und intimes Verhältnis zwischen der Kita und den Familien – das spüren auch die Kinder.

Vielen Dank für Deine Zeit. Ich wünsche Dir alles Gute bei der Eröffnung von Sankofa e.V.

Mehrsprachigkeit in der Lebenswelt/dem Alltag

Die Mehrsprachigkeit im Alltag wird vor allem durch die tägliche Praxis gefördert: das tägliche und regelmäßige Sprechen und Interagieren mit praktizierenden Bezugspersonen, das Lesen von mehrsprachigen bzw. nicht-deutschsprachigen Kinderbüchern, zudem durch mehrsprachige Spiele und Filme, Musik und vieles mehr. Wer die Möglichkeit hat, der umgibt das Kind mit Menschen, die die verschiedenen Sprachen mit dem Kind sprechen. Eventuell gibt es auch Aktivitäten wie Theaterspiele, Spielegruppen, Treffnachmittage mit und für andere mehrsprachige Kinder. Denn gerade das Spielen und der Umgang mit anderen Kindern hilft spielerisch bei der Vertiefung der Sprachkenntnisse.

Mehrsprachigkeit bei abwesendem (anderssprachigem) Elternteil

Die Vermittlung der Mehrsprachlichkeit durch beide Elternteile stellt natürlich die einfachste Form einer natürlichen Sprachvermittlung dar. Jedes Elternteil übernimmt die Vermittlung der eigenen (Mutter-)Sprache. Diese Möglichkeit besteht natürlich nicht, wenn sich die Eltern getrennt haben bzw. es aus verschiedenen Gründen keinen Kontakt zu dem (anderssprachigen) Elternteil gibt. Womöglich wurde Dein Kind adoptiert und Du sprichst die Ursprungssprache Deines Kindes nicht. In diesem Fall ist die Vermittlung einer weiteren Sprache ein herausforderndes Unterfangen, das mit sehr viel Willenskraft und Mühe verbunden ist.

Eine schöne und tolle Möglichkeit, das Kind spielerisch in eine neue Sprache einzuführen, ist der Besuch einer mehrsprachigen Kinderbetreuungsstätte. Im täglichen Praktizieren und Exerzieren, im Spiel und Spaß lernen Kinder spielerisch eine weitere Sprache. Jedoch gestaltet sich das Finden einer mehrsprachigen Kindertagesstätte bzw. eines ebensolchen Kindergarten in ländlichen Gegenden bzw. kleineren Städten als schwierig.

Also, was nun? Es ganz sein lassen oder sich in dieses Abenteuer stürzen? Der Spracherwerb ermöglicht es dem Kind, eine Brücke zu schlagen zwischen dem Hier und Jetzt und dem, ›was war‹, und dem, ›was sein wird‹. Natürlich ist es dem erziehenden Elternteil bzw. der Kinderbetreuungsstätte kaum möglich, jede noch so kleine bzw. wenig verbreitete Sprache weiterzuvermitteln. Daher überlege Dir, auf eine Sprache zurückzugreifen, die als Umgangssprache in dem Ursprungsland oder der Ursprungsregion funktioniert. Meist handelt es sich um ehemalige Kolonialsprachen wie Englisch, Französisch, Spanisch oder Portugiesisch. Aber auch Arabisch spielt in weiten Teilen des afrikanischen Kontinents eine wichtige Rolle und ermöglicht die Konversation mit vielen Menschen. Eine Mutter muss beispielsweise nicht Yoruba sprechen, um trotzdem eine Verbindung zum fehlenden (nigerianischen) Elternteil herzustellen. In Nigeria wird Englisch als Umgangssprache gesprochen, diese Sprache ist einfach zu vermitteln bzw. es ist einfach, Kontakt zu Menschen und Kindern herzustellen, die evtl. Yoruba oder Englisch sprechen und Buchempfehlungen, kulturelles und kulinarisches Wissen vermitteln können. Diese Menschen können Dich dabei unterstützen, Deinem Kind all die weiteren Ebenen seines kulturellen Erbes zu vermitteln.

Gerade in größeren Städten ist dieser Kontakt zu den unterschiedlichen Gemeinschaften (Communitys) der verschiedenen Länder und Kulturen möglich. Oftmals haben diese eigene Strukturen der Vernetzung. Viele vermitteln Sprachen und kulturelle Praktiken, bieten Möglichkeiten zur Kommunikation mit Gleichgesinnten und dienen ganz allgemein als Anlaufstelle für (Staats-)Angehörige und an der Kultur Interessierte. Eventuell bieten sie auch Veranstaltungen für Kinder an, Sprach- und Sportkurse, Leseveranstaltungen und weitere Angebote, die für Dein Kind und Dich interessant sein könnten.

Nahrung für den Kopf, Streicheleinheiten für die Seele – Bücher und Filme für das afrodeutsche Kind

Ich liebe Kinderbücher. Es gibt kaum eine andere Gattung, die es erlaubt, so kreativ mit der Fantasie umzugehen. Bis heute versinke ich regelmäßig in diesen Büchern und reiße mich nur schweren Herzens wieder los.

Auch ich bin aufgewachsen mit den beliebten Kinderbüchern eines bürgerlichen Hauses: *Pippi Langstrumpf*, *Die Kinder von Bullerbü* und die Geschichten rund um *Michel aus Lönneberga* und seine Schwester Klein-Ida, *Die Drei ???* und viele mehr. Astrid Lindgren formte selbstverständlich meine Wahrnehmung und Fantasie, wie auch Erich Kästner oder Michael Ende. Meine Helden und Heldinnen in den Büchern waren mutige Kinder, rebellische Kinder, ängstliche Kinder. Kinder, die zu Vorbildern wurden und meine Träumen und Fantasien beflügelten. Ich wollte sein wie sie. Natürlich erkannte ich mit der Zeit, dass all diese Helden und Heldinnen ausschließlich weiße Kinder waren. Weiße mutige Kinder, weiße rebellische Kinder, weiße ängstliche Kinder. Die wenigen schwarzen Figuren versteckten sich in Nebenfiguren, die meist so einfach und verzerrt waren, dass eine Identifikation mit ihnen kaum möglich war. Nicht nur sie fehlten, auch die anderen Kinder. Kinder, die mit ihren Weisheiten, ihren Geschichten und ihren kulturellen Prägungen aus China, aus der Türkei und aus all den schönen, unbekannten, fernen und nahen Ländern meinen Alltag prägten.

Also wuchs ich mit den bürgerlichen Vorstellungen der starken Mädchenfigur Pippi Langstrumpf heran, die es jederzeit mit den Erwachsenen aufnehmen konnte. In ihrer rebellischen Art wurde sie zu meiner Kindheitsheldin. Dass sie in Taka-Tuka-Land gemeinsam mit ihrem Vater über die ›Wilden‹, also afrikanische Menschen, herrschte wurde erfolgreich aus meinem frühkindlichen Unterbewusstsein verbannt. Erst jetzt im Erwachsenenalter erkenne ich die Brutalität dieser Geschichten. Und es verwundert mich nicht, dass viele Eltern diese Bücher schlichtweg aus den Kinderzimmern verbannen.

Die ›Kinderbuchdebatte‹, die ihren Höhepunkt im Jahr 2013 erreichte, thematisierte Kinderbücher mit rassistischen und diskriminierenden Begriffen und deren Neuauflage. Die Ankündigung eines Verlages, ein beliebtes Kinderbuch unter Verzicht auf diskriminierende bzw. rassistische Begriffe neu aufzulegen, stieß auf immensen Widerstand, der vor allem aus bildungsbürgerlichen Kreisen gesteuert wurde. Ich betrachte diese Debatte mit einem Gefühl von Freude und Frustration. Freude, weil endlich die Stimmen der Porträtierten und anderer gehört werden, die nicht länger ihre Kinder mit verletzenden Begriffen konfrontiert sehen wollen. Zum ersten Mal wird erkannt, dass nicht nur weiße Kinder zu den Leser_innen gehören und es wird gefragt, wie diese Begriffe auf Kinder der Minderheiten in Deutschland wirken?

Gleichzeitig empfinde ich Frustration, weil diese Änderungen von den Kritiker_innen als Zensur bezeichnet wird. Wahlweise scheinen auch die Kunstfreiheit und nostalgische Sentiments einen höheren Stellenwert zu haben als der Respekt allen Menschen gegenüber. Die Debatte ist noch nicht beendet. Es ist die Hoffnung, die bleibt. Die Hoffnung auf Kinderbücher, auf neue Kinderbücher, die fantasiereich sind, die echte Helden und Heldinnen haben. Für alle Kinder.

Alternative Kinderbücher

Welche Bücher möchtest Du Deinem afrodeutschen Kind am Abend vorlesen? Welche Bücher soll es selbst lesen? Diese Frage lässt sich glücklicherweise immer leichter beantworten. Bis vor wenigen Jahren mussten Eltern meist bei ausländischen Verlagen suchen, wenn sie ihrem Kind Bücher mit unterschiedlichen Lebensrealitäten zeigen wollten. Gerade in der amerikanischen Literaturwelt ist bis heute eine große Bandbreite an Literatur für Kinder entstanden, die ihre unterschiedlichen Lebenswirklichkeiten widerspiegelt und Kindern die Möglichkeit gibt, sich in den Büchern wiederzufinden und sich mit den Hauptfiguren zu identifizieren.

Aber glücklicherweise entstehen mittlerweile auch in Deutschland immer mehr Kinderbücher, die Diversität in jeglicher Form abbilden. Wende Dich an die lokalen Buchhandlungen und informiere Dich gezielt über Kinderbücher, die sich mit ›kulturellen Hintergründen‹ oder ›Diversität‹ befassen, mit ›Regenbogen-Familien‹, ›Patchwork-Familien‹ oder ›Alternativen Lebensformen‹, mit ›Integration‹ oder ›Behinderungen‹, mit ›Identität(en)‹, mit Adoptionen oder Pflegefamilien. Mit Mehrsprachigkeit. Eine weitere Anlaufstelle sind die lokalen Vereine, die aus und für binationale Familien entstanden sind und oft exzellente Bücherlisten haben. Auch kulturelle Institutionen, die sich der Diversität und der Vielseitigkeit der deutschen Gesellschaft widmen, können auf der Suche nach geeigneter Literatur sehr hilfreich sein (siehe Bücherliste).

Trotz der neuen Kinderbücher stellst Du vielleicht mit einer gewissen nostalgischen Sehnsucht fest, dass Du Deinem Kind sehr gerne die wohlbekannten und weniger wohlbekannten Kinderbücher Deiner Kindheit und Jugend weitergeben möchtest. Nimm die Bücher erneut zur Hand und prüfe sie mit einem kritischen Blick. Überlege Dir dabei, welche Bilder diese Bücher vermitteln und welche Wirkung diese Bücher auf Dein Kind haben können. Wie divers sind sie mit ihren zumeist weißen Hauptfiguren? Welches Familienbild vermitteln sie? Erkennst Du Dich und Dein Kind in den Büchern wieder? Wie wird über andere gesprochen? Denn es ist nun einmal so, dass gerade die Hauptfiguren, so progressiv sie auch erscheinen mögen, Wertevorstellungen einer bürgerlichen, deutschen Gesellschaft vermitteln und zwar auf Kosten von Kindern mit anderen kulturellen Prägungen oder anderen Lebenskonzepten. Wenn der Arzt Heinrich Hoffmann in autoritärer Weise in seinem Kinder- und Erziehungsbuch *Struwwelpeter* Toleranz vermittelt, indem er weiße Jungen mit schwarzer Tinte bestraft, um sie ›noch schwärzer‹ zu machen, so mag das oberflächlich in der guten Absicht geschehen, einem Kind Respekt vor anderen beizubringen, doch auf den zweiten Blick wird klar, dass Schwarzsein als Strafe dargestellt und diese Erziehungslektion zulasten von Schwarzen Menschen ausgeübt wird.

Prinzipiell kann gesagt werden, dass gerade die ersten Bücher für Babys und Kleinkinder, also Bilderbücher mit grafischen Darstellungen, durchaus auch aus dem Ausland bestellt werden können, auch wenn die Eltern nicht über Kenntnisse der jeweiligen Sprache verfügen, denn die Bilder darin erklären sich universal.

Exkurs: tebalou – ein preisgekrönter Onlineshop für diverse Spielmaterialien und Kinderbücher

Aus dem Wunsch heraus, meinem eigenen Kind und den Kindern der Zukunft, neue Bilder und Narrative zu ermöglichen und diese in ihre Fantasiewelten einzuweben, gründete ich gemeinsam mit meiner Freundin den Onlineshop tebalou mit Spielsachen und Kinder- und Jugendbüchern mit dem Fokus auf Diversität. Um allen Kindern dieser Gesellschaft die Möglichkeit zu geben, sich in ihre Fantasiewelten und Spielsachen hineinzudenken und sich darin zu reflektieren. Dort finden sich all die Bücher und Materialien, die es gerade Schwarzen Kindern und Kindern of Color ermöglichen, sich in ihnen wiederzuerkennen. In ihrer eigenen Welt. Mehr dazu unter: www.tebalou.de.

Alternative Kinderfilme

Die Wirkkraft von Filmen spielt gerade in unserer visuellen Welt eine besondere Rolle. Doch im Bereich des Kinderfilms scheint die Präsenz von Schwarzen Kindern oder Kindern mit unterschiedlichen kulturellen und ethnischen Prägungen noch seltener zu sein als in den Büchern. Das liegt daran, dass die Produktionsbedingungen des Fernsehens und des Films meist in den Händen von Menschen liegen, die zur

Mehrheitsgesellschaft gehören. Diese möchten mehrheitlich die Realität von weißen Menschen für weiße Menschen abbilden, in Geschichten, in Bildern, in Stimmungen.

Wir benötigen jedoch Filme, die alle Kinder ansprechen. Filme, die ihnen Mut machen und ihnen Selbstbewusstsein vermitteln. Filme, in denen sie sich wiedererkennen und die ihnen einen Eindruck von der Welt vermitteln, in der sie leben. Filme, die alle Kinder miteinschließen und ihnen helfen, sich in der Welt, in der sie leben, zu orientieren.

Auch hier empfiehlt es sich Ausschau nach Kinder- und Jugendfilmen der Kategorie ›Diversität‹ und ›Interkulturalität‹ zu halten. Aber Achtung: Filme, die sich mit dem Kontinent Afrika beschäftigen, bestärken Kinder nicht automatisch. Traurigerweise wird gerade in diesen Filmen eine Identifikation erschwert, da der Fokus oft auf stereotype Themen wie Krankheit, Armut, Elternlosigkeit usw. gelegt wird und weniger auf bestärkende und individuelle Alltagsrealitäten. Das Bild des ›Katastrophen‹-Afrika wird ständig aufs Neue erzählt. Und dieses eindimensionale Bild Afrikas verstärkt eher das Gefühl der Distanzierung als der Annäherung – schlimmer noch, der Unterlegenheit Schwarzer Menschen, die ohne Hilfe weißer Hautfiguren kaum auf die eigenen Beine kommen.

Aber in diesem Fall sei darauf hingewiesen, dass der Blick ins Netz und über Deutschland hinaus sehr hilfreich ist.

Rassismus – und wie erkläre ich einem Kind die Sache mit den unterschiedlichen Hautfarben …

Ich bin Tante von vielen Neffen und Nichten. Einige der Nichten und Neffen sind weiß, einige der Nichten und Neffen sind Schwarz. Es lässt sich sehr schnell beobachten: Meine Schwarzen Neffen und Nichten beginnen sich sehr viel früher mit rassistischen Strukturen zu befassen. Sie (müssen) früh realisieren, dass sie nicht zur Mehrheitsgesellschaft gehören, dass sie nicht gängigen Schönheitsidealen entsprechen, dass sie bei frühkindlichen Spielen ausgeschlossen werden (Wer hat Angst vor dem schwarzen Mann?), dass ihre Hautfarbe thematisiert wird usw.

Zudem beginnen sie ab dem 3. Lebensjahr im zunehmenden Umfang ihre Welt zu kategorisieren. Erste (Vor-) Urteile entstehen und sie selbst werden sich zusehends ihres eigenen Aussehens bewusst.

Meine weißen Neffen und Nichten haben das Glück, zur Mehrheitsgesellschaft zu gehören. Sie erfahren positive Bestätigung in allen Dimensionen: in (Sprach-)Bildern, in den Medien, in Büchern, im Fernsehen, im Internet. Meine Schwarzen Nichten und Neffen lernen, sich in Abgrenzung davon selbst zu definieren. Es liegt an den Eltern und ihrer Umwelt, auch sie im Angesicht dieser rassifizierenden und rassistischen Welt mit visuellen, materiellen, ideellen und emotionalen Werten zu bestärken.

Also, wie gehen Angehörige von Schwarzen Kindern mit rassistischen Vorfällen um? Wie gehen sie mit Anzeichen von Selbstzweifeln bei ihren Schwarzen Kindern um, die mit der Hautfarbe und ihrem Selbst zu tun haben?

Empowerment, Selbstermächtigung: Ich bin schön, wie ich bin

Alle Eltern übernehmen mit dem Eintreten des Kindes in ihr Leben die Verantwortung für deren Selbstwertgefühl. Kinder sind eingebettet in eine Familie und in eine Gesellschaft, die ebenso am Werden eines Kindes beteiligt ist und die Eltern bei ihrer Aufgabe der Vermittlung desselben unterstützt. Eltern afrodeutscher Kinder machen oftmals andere Erfahrungen. Sie werden von Vorfällen berichten, die einem ins Herz schneiden. Von Kindern, die sich ›weiß waschen‹ wollen, die ihre Hautfarbe hassen, die ihre Haare verabscheuen. Und nein, es handelt sich nicht um eine Phase, die vorübergeht. Und nein, es handelt sich nicht um eine Phase, durch die sie eben durch müssen. Es handelt sich vielmehr um eine überflüssige, schmerzvolle Erfahrung, die ihnen die Unschuld der Kindheit, die Liebe zum eigenen Selbst, kurz:

das Selbstwertgefühl raubt. Es handelt sich um Rassismus. Und Rassismus existiert. Er verletzt und tötet.

Was können Eltern tun, um ihrem afrodeutschen Kind ein gesundes Selbstwertgefühl zu vermitteln, damit es auf rassistische Angriffen selbstbewusst reagiert und daraus gesund und stark hervorgeht?

...and it is beautiful to be black!

Dein Kind ist Schwarz. Und es macht Erfahrungen, rassistische Erfahrungen, die sehr schmerzhaft sind und es am eigenen Selbst zweifeln lassen. Stärke das Selbst Deines Kindes. Sprich positiv über die Haare und die Hautfarbe Deines Kindes. Mach es jedoch nicht zum ständigen Thema, indem Du das überbetonst. Dein Kind ist schön. Natürlich. Aber es ist schön um seinetwillen, nicht um der äußeren Verpackung willen. Gerade als weißer Elternteil bzw. weißes Elternpaar wirst Du akzeptieren müssen, dass es Erfahrungswelten gibt, die Du nicht kennst bzw. noch nie erlebt hast. Ausgrenzungen, die auf rassistischen Ursachen beruhen, sind solche Erfahrungen. Sie verletzen Dein Kind auf eine Art, die die Substanz seines Selbstwertgefühls angreift. Wie tief dieser Schmerz gehen kann, kannst Du als weißes Elternteil erahnen, jedoch nicht nachvollziehen. Das musst Du verstehen und akzeptieren. (Und nein, Du machst nicht die gleichen Erfahrungen, wenn Du Dich in einem außereuropäischen Land aufhältst und dort zur Minorität gehörst!). Du kannst jedoch für Dein Kind da sein und es in seinem Selbstwertgefühl bestärken, damit diese Erlebnisse an der Oberfläche bleiben und keine tiefen Verletzungen hinterlassen oder ihm die Selbstliebe nehmen. Also was kannst Du als Elternteil, sei es Schwarz oder weiß, tun, um Deinem Kind diese Selbstliebe zu geben. Die folgenden Beispiele sollen einen kleinen Einblick geben, könnten aber noch weitergeführt werden.

- Biete Deinem Kind Schwarze Vorbilder an: Vorbilder in der Musik, in der Kunst, in der Literatur, im Film, in den

Wissenschaften. Es gibt so viele von ihnen. Suche sie und finde sie. Für Dich und Dein Kind.

- Gibt es andere Schwarze Kinder in Deiner Umgebung? Suche den Kontakt zu ihnen.
- Sprich mit Deinem Kind darüber, wer wie mit ihm umgehen darf: Wer darf ihm in die Haare fassen bzw. über das Gesicht streicheln etc.?
- Überlege Dir, wie Du mit Komplimenten von anderen Menschen umgehst. Sind sie ehrlich gemeint oder exotisieren sie Dein Kind und Dich?
- Suche nach einem Kindergarten, der rassismuskritisch geschult ist bzw. offen ist für kritische Gespräche.
- Nimm Verletzungen, die auf rassistische Äußerungen bzw. Handlungen basieren, immer ernst und rede sie niemals klein.

Was ist Rassismus?

Ist ein rassistischer Vorfall geschehen, so höre Dir an, was Dein Kind darüber zu sagen hat. Das Kind wird möglicherweise nicht verstehen, was ihm da wiederfahren ist. Doch wie erklärt man einem Kind mit einfachen Worten ein so kompliziertes und schmerzhaftes Konstrukt wie den Rassismus? Was ist denn überhaupt Rassismus?

Rassismus ist ein jahrhundertealtes europäisches Gesellschaftskonstrukt, das ursprünglich dazu diente, die kolonialen Beutezüge, die Vernichtung von Menschen sowie die Zerstörung uralter Kulturen zu legitimieren. Rassismus teilt(e) die Menschen der Welt in unterschiedliche Menschengruppen (›Rassen‹) ein und schrieb diesen unterschiedliche geistige, körperliche und emotionale Eigenschaften zu. Diese wurden in Beziehung zueinander gesetzt und gewertet (z.B. Schwarz = faul) und so eine Rangordnung geschaffen. Da dieses Konstrukt in Europa geschaffen wurde, ist es wenig verwunderlich, dass weiße Menschen, insbesondere Europäer_innen, an der Spitze der Rangordnung standen und als intelligenter, erfolgreicher, höherwertiger angesehen wurden.

Philosoph_innen, Wissenschaftler_innen, Historiker_innen, Theolog_innen untermauerten und legitimierten in den folgenden Jahrhunderten dieses Konstrukt, indem sie wahlweise theologische oder wissenschaftliche Gründe heranzogen. Dieses ›Wissen‹ materialisierte sich in Schulbüchern, fand Gestalt in den Bildenden Künsten, die das Weißsein feierten, in der Literatur, die sich in Wortgebilden und Metaphern mit der Überlegenheit weißer Menschen befassten, fand sich in Skulpturen, in Liedern, in Theaterstücken, später in Filmen, in Comics und in Videospielen wieder. Dank dieses Konstrukts wird bis heute und weltweit der weiße europäische Mensch als Ideal und als Norm angesehen. Europäische Haare, europäische weiße Haut, europäische Gesichtszüge usw. Das gilt auch für immaterielle Güter: europäische Geschichte wird zur Weltgeschichte, europäisches Wissen zu universalem Wissen, europäische Philosophien zur allgemeingültigen Philosophie usw.

Nun, was hat das mit Dir und Deinem Kind zu tun? Und wie erklärst Du Deinem Kind all das?

Natürlich gilt es zunächst, eine altersgerechte Form zu finden, um rassistische Vorfälle bzw. erste Äußerungen zur Hautfarbe bzw. Aussehen Deines Kindes zu kommentieren und zu reflektieren. Daher lohnt es sich, einige Schritte zu überlegen, um gewappnet und so Deinem Kind ein_e gute Begleiter_in auf dem Weg zum eigenen Selbst zu sein.

1. Versuche Dich um Deines Kindes Willen und um deinetwillen zu Rassismus zu bilden. Es gibt so viele Bücher und Texte, die sich damit beschäftigen und die geschichtlichen Zusammenhänge herausarbeiten. Rassismus wird so häufig falsch und vereinfacht wiedergegeben, indem er auf das Wirken von ein paar ›Nazis‹ reduziert wird. Ja, deren Taten liegen rassistische Motive zugrunde, aber viel wirkmächtiger ist der alltägliche Rassismus, der subtile Rassismus, der mit scheinbar harmlosen Fragen, wie »Woher kommst Du?« oder fragwürdigen Komplimenten daherkommt und buchstäblich innerhalb der eigenen Familie und des eigenen

Freundeskreises stattfindet. Es sind diese harmlosen Sätze, Blicke und Gesten, die Deinem Kind häufig begegnen und es ohne Hilfe auf Dauer zermürben werden.

2. Bilde Dich zur Herkunft des Schwarzen, eventuell abwesenden Elternteils. Erzähle Deinem Kind davon. Reist dorthin, wenn ihr die Möglichkeit habt. Suche den Kontakt zu Menschen, die aus diesem Land kommen. Besuche Restaurants und erfahre die Herkunft auf eine sinnliche Weise. Schaue Filme und Dokumentation an. Achtung: Viele Filme und Dokumentationen haben einen beschränkten, voyeuristischen Blick, der Armut, Katastrophen und Krankheiten in den Mittelpunkt rückt. Es gibt jedoch glücklicherweise auch Filme von afrikanischen und anderen Schwarzen Filmschaffenden, die mutmachende, lustige und inspirierende Perspektiven haben und das Leben von Schwarzen Menschen unaufgeregt und selbstbewusst zeigen.
3. Sei ein Vorbild. Schaue Dir Deine Familie und Deinen Freundeskreis an. Finden sich dort auch Menschen mit unterschiedlichen Biografien und kulturellen Hintergründen? Es wird schwierig sein, von der Wichtigkeit diverser Lebensstile zu sprechen, wenn Du/ihr es nicht vorlebt. Je mehr reale Menschen mit unterschiedlichen kulturellen Prägungen und Lebensführungen Dein Kind sieht und erlebt, desto weniger ist es auf stereotype Zerrbilder von Menschen angewiesen. Stehst Du Menschen mit anderen kulturellen Prägungen nahe, so kannst Du sie nach ihren Erfahrungen fragen (falls sie es möchten). Sie haben (erzwungenermaßen) ein ganzes Arsenal an Erfahrungen, auf die sie zurückgreifen können/müssen. Vergiss aber nicht, dass vor allem Du das Vorbild Deines Kindes bist. Je mehr Du über Rassismus und die Wirkungsweise weißt und in Bezug auf Dich reflektierst, je mehr Du Dir als weißes Elternteil also Deiner Privilegien bewusst bist, desto glaubwürdiger und sicherer wirst Du Deinem Kind ein_e gute Begleiter_in sein.

4. Achte bei der Auswahl der Kinderbetreuungsstätten darauf, wie diese mit Rassismus bzw. rassistischen Vorfällen umgehen. Welche Bücher befinden sich dort? Welche Bilder vermitteln die Bücher? Welche Lieder werden gesungen (viele Kinderlieder enthalten zutiefst rassistische Inhalte)? Welche Spiele werden gespielt? Wie wird darauf reagiert, wenn Kinder sich untereinander ausschließen, gerade wenn der Ausschluss rassistisch motiviert oder konnotiert ist? Kann über diskriminierende und rassistische Vorfälle mit aller Ernsthaftigkeit gesprochen werden? Gibt es eine prinzipielle Offenheit für ein Antirassismustraining? Wie wird über Diversität gesprochen? Wie werden die Hintergründe der Kinder thematisiert und integriert? Wie wird mit Klischeebildern vom ›armen Afrika‹ umgegangen?

Wie spreche ich nun über Rassismus und verschiedene Hautfarben?

Zuallererst sollten Eltern nicht geschockt darauf reagieren, wenn sie realisieren, dass ihre Kinder schon in sehr jungen Jahren, meist noch im Kleinkindalter, rassistische Erfahrungen machen müssen oder rassistische Handlungen begehen können. Das tun sie nicht aus lauter Böswilligkeit, sondern weil die Gesellschaft, in der sie eingebettet sind, ihnen subtiles ›Wissen‹ vermittelt. Dazu gehört auch das ›Wissen‹, dass unsere Gesellschaft Menschen in unterschiedliche Gruppen einteilt und diese Gruppen unterschiedliche Privilegien haben (»Ich bin weiß und hier geboren. Ich weiß, dass ich nicht nach meiner Herkunft befragt werde.« – vs. »Ich bin Schwarz und hier geboren. Ich weiß, dass ich immer wieder die Frage nach meiner Herkunft beantworten muss.«). Viele Eltern, vor allem weiße Eltern, gehen irrtümlich davon aus, dass erst das Sprechen über Diversität Kinder auf Unterschiede hinweist. Diese Annahme ist falsch und kann fatal sein. Natürlich müssen Eltern Kinder nicht auf Unterschiede in der Erscheinung von Menschen hinweisen. Vorausgesetzt, sie ermöglichen es den Kindern von Anfang an, in einer diversen Lebenswelt mit unterschiedlichen Menschen, Beziehungsformen und Lebensphilosophien aufzuwachsen. Vorausgesetzt, Diversität kann für sie eine Norm und nicht das Andere, das Besondere, das Ungewöhnliche darstellen. Sehr lange gingen die (weißen) Wissenschaften davon aus, dass eine ›farbenblinde‹ Erziehung ein Werkzeug gegen rassistische Handlungen und Gedanken sein kann. Das Beispiel der drei Affen, die nicht sehen (wollen), nicht hören (wollen) und nicht sprechen (wollen) findet hier Anwendung, denn es wird verneint, was das Kind offensichtlich sieht: die optische Unterschiedlichkeit der Menschen.

Folgende Überlegungen können Dir dabei helfen, mit Deinem Kind über das Thema zu sprechen:

- Schaue Dir mit Deinem Kind beispielsweise ein Buch an, in der Menschen jeglicher Herkunft abgebildet werden. Dabei ergeben sich sicherlich viele Momente, um über die menschliche Diversität zu sprechen, d.h. über alle Menschen zu sprechen, auch über weiße Menschen! Denn nicht nur die Menschen, die anders als Du bzw. ihr aussehen, sollen in ihrer Unterschiedlichkeit benannt werden.
- Versuche altersgerechte Erklärungen zu finden. Bei Kleinkindern und kleinen Kindern helfen anschauliche Beispiele sehr. So könntest Du am Beispiel von weißen und braunen Eiern auf die unterschiedlichen optischen Merkmale von Menschen zu sprechen kommen und gleichzeitig auf das Gemeinsame hinweisen, indem Du ihnen zeigst, dass die Eier innen alle gleich aussehen. Oder indem Du zeigst, wie Menschen immer gleich funktionieren. Eine Schnittwunde (Verbrennungen, Stürze etc.) tut mir genau so weh wie Dir. Oder Streicheleinheiten, Zärtlichkeiten, Küsse usw. mag ich genauso wie Du. Es gibt so viele Beispiele, die hier herangeführt werden könnten.
- Kinder und auch kleine Kinder entwickeln unter normalen Umständen sehr früh einen Sinn für Gerechtigkeit und Ungerechtigkeit. Diese feinen Antennen erlauben,

vereinfacht über gesellschaftliche Positionen und Rollen zu sprechen. Beispiel: Vielleicht ist die Schwarze Frau im Buch eine Kinderärztin? Vielleicht hat sie Kinder zu Hause und lebt in einem großen Haus mit Garten? Sollte das Kind bereits rassistische Stereotypen (bzw. andere Stereotypen zum Beispiel in Bezug auf das Verhältnis von Frauen und Männern) wiedergeben und Gehörtes wiederholen, bietet sich nun die Gelegenheit, diese in Ruhe zu erklären.

- Zeige Deinem Kind, wie unterschiedlich die Haut von Menschen ist: ältere Menschen haben eine faltigere, fleckigere Haut, rothaarige Menschen eine sommersprossige Haut, das afrodeutsche Kind eine sonnengeküsste Haut, die Mutter eine schöne braune, dunkle Haut, der Vater eine weiße, mit Punkten (Leberflecken) übersäte Haut. Alle Menschen sehen unterschiedlich aus: weiße Menschen gleichen sich ebenso wenig wie Schwarze Menschen oder auch afrodeutsche Menschen. Sie unterscheiden sich vielmehr in der Körpergröße, der Hautfarbe, Haarfarbe, Haarlänge, Haarstruktur, Augenfarbe. Jeder Mensch ist unterschiedlich.
- Gehe offen und möglichst kontrolliert mit diesem Thema um. Dein Kind wird spüren, wenn es peinlich, unangenehm und/oder schmerzhaft für Dich ist, und es eventuell vermeiden, das Thema in Zukunft noch einmal mit Dir zu besprechen
- Achte auf das, was Dein Kind in den Medien konsumiert. Gerade hier finden sich viele Ursachen für stereotype Bilder und Gedanken.

Nichts sehen, nichts hören, nichts sagen: Umgang mit Rassismus in der eigenen Familie und im Freundeskreis

Diese Erfahrung gehört wohl zur schmerzvollsten und traurigsten, die Eltern und vor allem ihre afrodeutschen Kinder erleben müssen: Menschen, die ihnen nahe stehen und zu ihnen gehören, äußern sich und handeln rassistisch. Was nun?

Zuallererst solltest Du Dir bewusst machen, dass diese Äußerungen Dein Kind in seiner gesamten Existenz angreifen. Gerade Eltern von Kleinkindern müssen jetzt Grenzen stecken, bevor das Kind zu verstehen beginnt, was da geäußert wird, bzw. bevor es beginnt, Formen des Selbsthasses zu entwickeln. Die Aufgabe von Eltern besteht ja gerade darin, ihr Kind vor Schaden zu schützen und alles Übel von dem Kind abzuwenden, sodass es zu einem gesunden und selbstbewussten und sich selbst liebenden Menschen heranwachsen kann. Diese Aufgabe ist kein Leichtes, denn sie verlangt viel Energie ab. Natürlich sind auch Eltern ebenfalls Kinder und haben gegenüber ihren Eltern eine hohe Loyalitätsverpflichtung. Doch Elternsein bedeutet vor allem auch, den Fokus weg von den eigenen Eltern hin auf das eigene Kind zu richten und die volle Verantwortung für das Kind zu übernehmen. Was also tun, wenn Du beobachten musst, dass innerhalb Deiner Familie bzw. Deines Freundeskreises rassistische Äußerungen getätigt werden?

1. Wende Dich zuallererst an Dein Kind und versichere Dich, dass es ihm gut geht. Wie viel hat es verstanden? Hat es Fragen? Muss es getröstet werden? All das ist momentan am Wichtigsten. Wende Dich erst danach an Dein Gegenüber.
2. Überprüfe Dich selbst: Fühlst Du Scham, Ärger, Wut oder Verletztheit? Das ist ein guter Gradmesser dafür, dass tatsächlich eine rassistische Äußerung gefällt wurde und keineswegs ein Scherz oder ähnliches.
3. Solltest Du ein weißer Elternteil sein, so halte Dir vor Augen, dass diese Äußerungen sich nicht gegen Dich, sondern gegen Dein Kind richten. Nicht Deine Unversehrtheit wird angegriffen, sondern die Deines schutzlosen Kindes. Es ist Deine Pflicht, für die Unversehrtheit Deines Kindes zu kämpfen.

4. Die Gefühle, die Du spürst, sind die Gefühle, die der rassistisch Handelnde fühlen sollte, nicht Du. Daher schäme Dich nicht und habe Mut ihm entgegenzutreten. Setze Grenzen und weise Dein Gegenüber zurecht.
5. Überlege Dir genau, wie viel Energie Du in die Aufklärung des Gegenübers investieren möchtest. Falls es nicht allzu viel ist, so verbitte Dir eine solche Aussage und mache klar, dass Du rassistische Äußerungen niemals tolerieren wirst – auch nicht von Eltern/Freund_innen/Geschwistern usw. Nimm Dein Kind und verlasse den Schauplatz. Falls es jemand ist, der Dir sehr am Herzen liegt und Du zudem das Gefühl hast, dass die Ursache in seiner_ihrer Unwissenheit bzw. auch Ignoranz liegt, so versuche, eine Strategie zu entwickeln, wie Du sie_ihn aufklären kannst. Es gibt so viele Texte und Bücher, die über Rassismus und ihre Wirkungsweisen informieren. Suche Dir Texte heraus, die besonders eingängig sind und die Du weiterempfehlen kannst.
6. Bei wiederholten Äußerungen bzw. chronischer Uneinsichtigkeit musst Du Dir natürlich überlegen, welche Konsequenzen dies für eure zukünftige Beziehung hat. Denn ein Ausblenden oder ein Hinnehmen solcher Verletzungen geht zuallererst zulasten Deines Kindes. Immer.

Nein! zur ›farbenblinden‹ Erziehung

»Alle Kinder sind gleich« oder »Ich sehe keine Unterschiede«… Der ›farbenblinde‹ Erziehungsstil geht davon aus, dass Rassismus bzw. Diskriminierung erst mit dem Wahrnehmen und Benennen von menschlichen Unterschieden entsteht. Er geht davon aus, dass Kinder in einer Blase aufwachsen, in der diese Unterschiede nicht bereits mit Merkmalen belegt sind. Er geht letztlich davon aus, dass die Kinder weiß sind. Das Nichtbenennen bzw. das Nicht-sehen-Wollen gehört zum Kern dieses Erziehungskonzepts, das entschieden abgelehnt werden muss. Die Nichtbenennung und die

Nichtwahrnehmung von optischen Unterschieden ist keine Methode, um gegen Rassismus aufzutreten. Stattdessen lässt sie das afrodeutsche Kind, das diese Erfahrungen dennoch machen wird, allein. Das Kind hat keine Möglichkeit, die Erfahrungen, die es macht, zu benennen, denn es hat nicht gelernt, mit rassistischen Vorkommnissen umzugehen. Es wird eine subtile Ahnung haben, dass die Erfahrungen, die es macht, auf seinem Äußeren basieren. Aber es wird nicht wissen, wie es die Erfahrungen verarbeiten soll, geschweige denn, wie es sich dagegen zur Wehr setzen kann. Deshalb ist es absolut wichtig, die Unterschiede, die es nun einmal gibt, zu benennen und dem Kind damit zu zeigen, dass seine Wahrnehmung ernst genommen wird. Äußerungen wie: »Alle Menschen sind gleich« oder »Ich sehe Deine Hautfarbe überhaupt nicht!« vermitteln dem Kind nur (vor allem da diese Äußerungen nur auf nichtweiße Kinder angewandt werden), dass es offensichtlich Dinge erlebt und sieht, die andere nicht wahrnehmen und erleben (müssen). Die ›farbenblinde‹ Erziehung versucht, diese Unterschiede zu negieren, indem sie von der Gleichheit aller Menschen spricht. Gerade weiße Eltern werden jedoch mit ihrem afrodeutschen Kind Erfahrungen machen, die sie bisher nicht gekannt haben. Glaube Deinem Kind, wenn es von solchen Erfahrungen berichtet und sie mit Dir teilen möchte. Nimm diese Erfahrung nicht auf die leichte Schulter, ignoriere sie nicht und tue sie nicht mit einem Schulterzucken ab. Diese Momente prägen das Kind möglicherweise für immer. Bei rassistischen Vorfällen, gilt es, ganz bei Deinem Kind zu sein und mit ihm das Erlebte zu reflektieren und gemeinsam zu überlegen, wie es sich und die Welt versteht, und vor allem, wie es mit dem Erlebten umgehen kann. Ziel sollte es sein, diese rassistische Erfahrung rasch hinter sich zu lassen und gewappnet zu sein für die künftigen Erfahrungen, die da kommen. Die definitiv kommen werden. Eine ›farbenblinde‹ Erziehung funktioniert nicht. Nur eine reflektierte Erziehung, die die Welt sieht, wie sie ist, ermöglicht es Deinem afrodeutschen Kind sich und die Welt mit all ihren Stärken und Schwächen zu sehen und damit umzugehen.

All you need is love…

Die Annahme, dass Liebe das Wichtigste für das Kind ist, ist richtig. Aber kein Mensch kann nur von Luft und Liebe leben. Es ist daher wichtig, Deinem Kind in seinem ganzen Entwicklungsprozess und Werden beizustehen. Zu sehen, wie es heranwächst, wie es lacht und weint, wie es reift und beginnt, die Welt zu verstehen. Es gibt so unendlich viele schöne, traurige, erinnerungswürdige, schmerzvolle Momente. Viele dieser Momente sind nötig auf dem Weg zu seinem eigenen Ich. Und es gibt diese Momente, die nicht nur unnötig sind, sondern regelrecht gefährlich und bedrohlich für das Kind. Diese dienen dazu, das Selbstwertgefühl des Kindes zu verletzen. Bilde Dich, um Deinem Kind in diesen Momenten beizustehen. Schirme es vor rassistischen Anfeindungen, vor den mehr oder weniger subtilen Verletzungen ab. Zeige ihm seine eigene Schönheit und lass das Kind seinen eigenen Weg gehen. Ermögliche ihm, Vorbilder in Dir und in anderen Menschen zu finden. Dein Kind gehört zu Dir und Deiner Welt. Und es ist Deine Aufgabe, als Mutter und als Vater, als Onkel oder Tante, als Angehörige, als Freund oder Freundin, für das Kind da zu sein. Weil es Dein Dir anvertrautes Kind ist.

Bücher, die weiterhelfen

Für Eltern:

Arndt, Susan (2015): Die 101 wichtigsten Fragen - Rassismus. 2. Aufl. München: C H. Beck.

Arndt, Susan; Ofuatey-Alazard, Nadja (Hg.) (2019): Wie Rassismus aus Wörtern spricht. (K)Erben des Kolonialismus im Wissensarchiv deutscher Sprache : ein kritisches Nachschlagewerk. 3. Aufl., Münster: Unrast.

Chebu, Anne (2020): Anleitung zum Schwarz sein! 3. Aufl. Münster: Unrast.

Hasters, Alice (2019): Was weiße Menschen nicht über Rassismus hören wollen, aber wissen sollten. 7. Aufl. Berlin: hanserblau.

Madubuko, Nkechi (2016): Empowerment als Erziehungsaufgabe. Praktisches Wissen für den Umgang mit Rassismuserfahrungen. 1. Aufl., Münster: Unrast.

Massingue, Eva (2005): Sichtbar anders. Aus dem Leben afrodeutscher Kinder und Jugendlicher. 1. Aufl. Frankfurt am Main: Brandes & Apsel.

Ogette, Tupoka (2020): exit Racism: rassismuskritisch denken lernen. 8. Aufl., Münster: Unrast

Bilderbücher für die ganz Kleinen:

Atinuke (2019): B is for Baby. 1. Aufl. Walker Books Ltd.

Atinuke (2019): Baby goes to Market. 1. Aufl. Walker Books Ltd.

Fox, Mem; Oxenbury, Helen (2014): Zehn kleine Finger und zehn kleine Zeh'n. Hamburg: Aladin.

Marley, Cedella (2015): Every Little Thing. 1. Aufl. Chronicle Books.

Von Kitzing, Constanze (2019): Ich bin anders als du. 2. Aufl. Carlsen.

Von Kitzing, Constanze (2016): Ich mag. 4. Aufl. Carlsen.

Von Kitzing, Constanze (2017): Ich bin jetzt. 3. Aufl. Carlsen.

Von Kitzing, Constanze (2018): Unsere große bunte Welt. 1. Aufl. Carlsen.

Erste Textbücher für Kleinkinder:

Crocket Corson, Kim (2018): Morgens bei uns! 1. Aufl. Circon Verlag.

Kodua, Odo (2019): Odo. 1. Aufl. Gratitude Verlag.

Love, Jessica (2019): Julian ist eine Meerjungfrau. 2. Aufl. Knesebeck.

Sánchez Vegara, María Isabel (2019): Ella Fitzgerald: Little People, Big Dreams. Deutsche Ausgabe. 1. Aufl. Insel Verlag.

Sánchez Vegara, María Isabel (2019): Maya Angelou: Little People, Big Dreams. Deutsche Ausgabe. 1. Aufl. Insel Verlag.

Sánchez Vegara, María Isabel (2019): Rosa Parks: Little People, Big Dreams. Deutsche Ausgabe. 1. Aufl. Insel Verlag.

Sánchez Vegara, María Isabel (2020): Muhammad Ali: Little People, Big Dreams. Deutsche Ausgabe. 1. Aufl. Insel Verlag.

Westin Verona, Jenny: Kalle und Elsa. 1. Aufl. Bohem Press.

Bücher, die diverse Lebensstile thematisieren:

Combs, Bobbie; Rappa, Desiree; Rappa, Brian (©2000): ABC. A family alphabet book. Ridley Park, PA: Two Lives Pub.

Hoffman, Mary; Asquith, Ros; Menge, Stephanie (2015): Du gehörst dazu. Das große Buch der Familien. 3. Aufl. Mannheim: Sauerländer.

Maxeiner, Alexandra; Kuhl, Anke (2013): Alles Familie! Vom Kind der neuen Freundin, vom Bruder von Papas früherer Frau und anderen Verwandten. 4. Aufl. Leipzig: Klett-Kinderbuch.

Scheerer, Susanne (2018): Zwei Mamas für Oscar: Wie aus einem Wunsch ein Wunder wird. 2. Aufl. Ellermann Verlag.

Toledo, Eymard (2019): Juju und Jojô. Eine Geschichte aus Brasilien. Baobab Books.

Nkechi Madubuko

Empowerment als Erziehungsaufgabe

Praktisches Wissen für den Umgang mit Rassismuserfahrungen

152 Seiten | 12.80 €
ISBN 978-3-89771-597-4

Praxisratgeber für Eltern von Kindern mit Migrationsgeschichte

Kinder aus binationalen /nicht-christlichen Familien sind in Alltag, Schule und Kita immer wieder Stereotypen, Rassismus und Diskriminierungen ausgesetzt. Das Selbstwertgefühl eines Kindes wird durch solche Ablehnungs- und Ausgrenzungserfahrungen geschwächt. Umso wichtiger ist die emotionale Begleitung und Vorbereitung im Elternhaus. Sie kann entscheidend dazu beitragen, dass ein Kind sich nicht als Opfer, sondern geliebt, wehrhaft und gleichberechtigt fühlt.

Anne Chebu

Anleitung zum Schwarz sein

3. Auflage 2016
116 Seiten | 9.80 €
ISBN 978-3-89771-527-1

Einführung in die deutsche Schwarze Community

Irgendwann kommt der Punkt, an dem man über seine Hautfarbe nachdenkt. Deshalb ist dieses Buch nicht nur eine Einführung in die deutsche Schwarze Community und deren Geschichte, sondern auch eine praktische Anleitung für junge Schwarze Deutsche, sich ihrer nicht-weißen Hautfarbe politisch bewusst zu werden und sich damit auseinanderzusetzten.

»Wehrhaft – Wege aus der Rassismusfalle.«

Bayerischer Rundfunk

UNRAST **Verlag • Postfach 8020 • 48043 Münster**
www.unrast-verlag.de • E-Mail: info@unrast-verlag.de

UNRAST